DUMONT EXTRA

Samos

Dirk Schönrock

Inhalt

Kalós o

Herzlich willkommen auf der grünsten Insel der Ägäis. Dort, wo Griechenland kurz vor der türkischen Küste schon fast zu Ende ist, ragt das Eiland der Göttin Hera aus dem tiefblauen Meer heraus. Sámos zeigt sich als sanfte Schönheit mit üppiger Natur und herrlichen Badestränden. Die Bewohner der Insel des weltberühmten Weins gehören zu den freundlich-

ríssate!

sten Insulanern von Hellas. Sámos bietet eine selten gewordene Mischung: Wer will, kann sich in quirlige Touristenzentren mit Beach-Life und nächtlichem Disco-Fieber hineinstürzen. Aber auch wer einsame Inselidylle in abgelegenen Bergdörfchen und auf stillen Wanderpfaden in wild-romantischer Gegend sucht, findet auf Sámos sein Traumziel.

Samos

"Grüne Insel der Ägäis"

Das Grün, das die Insel so üppig schmückt, kommt nicht von ungefähr. Hunderte von Quellen entspringen überall und versorgen die Insel so reichhaltig mit dem kostbaren Nass, dass die Inselverwaltung den Bewohnern Wasser praktisch kostenlos zur Verfügung stellen kann. Verschwenderisch präsentiert sich die Natur im Frühling: Die blühende Wildflora der Phrygana auf den Berghängen verzaubert die Landschaft, und alles hüllt sich in leuchtende Farben. Wenn später im Jahr die Blumenpracht verblüht ist, glänzen Zitronen und Orangen an den Bäumen, und die Weinstöcke haben an der Traubenlast schwer zu tragen. Hunderttausende von Ölbäumen schimmern silbrig in der Sonne, die auf Sámos hervorragendes Öl gedeihen lässt. Durch den Wasserreichtum werden viele Gemüsesorten angebaut, die ansonsten in Griechenland kaum zu finden sind.

Das wirkt sich glücklicherweise auch auf die Küche aus. In den Tavernen kocht man weitgehend mit frischen Produkten der Insel, und die Gerichte sind abwechslungsreicher als die übliche Souvláki-Moussaká-Melange. Zum Dessert den berühmten süßen Sámos-Wein kosten? Zwei Winzergenossenschaften produzieren in Malagári und Karlóvassi jährlich ca. 80 000 hl Wein, der zu etwa zwei Dritteln exportiert wird. Nicht nur süßer Wein entsteht nach der Ernte, auch trockene Tropfen finden guten Absatz. Die alten Familientavernen keltern oft noch selbst, und so erhält der Wein fast überall eine eigene Note.

Sámos zeigt sich landschaftlich und kulturell sehr vielfältig. An der Nordostküste liegt am Ende einer tief eingeschnittenen Bucht die Hauptstadt, Sámos-Stadt, die auch Vathí genannt wird. Hier schlägt das Herz der Insel, selbst wenn es nicht das touristische Zentrum von Sámos ist. Wie ein antikes griechisches Theater schmiegt sich die Stadt mit dem bedeutenden Archäologischen Museum an die sanften Hügel, die im Hinterland stärker ansteigen. Das Hafenviertel wirkt geschäftig und bietet allerlei Annehmlichkeiten, während sich der sehenswerte ältere Teil der Stadt hoch oben auf dem Hügel befindet. Östlich von Vathí liegt die liebliche Hochebene Vlamári, südlich davon einige brauchbare Strände.

Kalós oríssate

Mit den Bewohnern von Sámos auf Entdeckungsreise gehen…

Von Posidónio an der Südostküste könnte man fast problemlos hinüber an die türkische Küste schwimmen. Doch die 1,2 km breite Meerenge trennt zwei ›Erbfeinde‹, deren Verhältnis nicht erst seit der Zypernkrise von 1974 massiv belastet ist. Sámos wurde zu einem der größten griechischen Armeestützpunkte ausgebaut. Überall auf der Ostseite der Insel befinden sich Kasernen, Depots, vor allem aber Lausch- und Spähposten. Allerdings zeigte sich durch die gegenseitige Erdbebenhilfe im Herbst 1999 und die griechische Zustimmung zu Beitrittsverhandlungen zwischen EU und Türkei im Frühjahr 2000 erstmals eine gewisse Entspannung. Dennoch sollte man durchaus zurückhaltend mit Äußerungen zu diesem Thema sein und auch unbedingt das strikte Fotografierverbot in der Nähe militärischer Einrichtungen beachten.

Der Südosten von Sámos, rund um die Stadt Pythagório, ist das größte und beliebteste Feriengebiet der Insel. Das liegt nicht nur an der großen Zahl von Unterkünften, sondern auch an der Nähe zum Flughafen. Der Strand von Pythagório ist zwar nicht herausragend, aber dafür bietet die Umgebung reichlich Sehenswürdigkeiten. Der Tunnel, den der antike Baumeister Eupalínos graben ließ, hätte durchaus das Zeug zum Weltwunder. Unweit von Pythagório liegt auch das antike Heraíon, eins der bedeutendsten Hera-Heiligtümer der griechischen Welt in der Antike.

Bade- und Sandstrandfans finden ihr Paradies im Südwesten der Insel. Votsalákia mit seinem kilometerlangen Strand, der sich in kleineren Buchten weiter nach Westen fortsetzt, und Órmos Marathókampou sind die Zentren dieser Region – diese Orte wurden jedoch gänzlich nach touristischen Gesichtspunkten angelegt.

Wer eher nach Authentischem sucht, dem sei die Nordküste als Standort empfohlen. Die weitläufige Stadt Karlóvassi bietet griechisches Alltagsleben pur, wenn sie auch nicht unbedingt zu den Schönheiten der Insel zählt. Leider haben zwei Großbrände im April und Juli 2000 weite Teile der Wälder zwischen Pythagório, Pírgos und Kokkári sowie um Karlóvassi zerstört.

Fürs Auge eine Wohltat sind die kleinen Bergdörfchen in der Mitte der Insel und entlang der Nordküste: Koumaradéi, Mýli, Spatharéi, Platanós, Vourliótes, Manolátes, Léka, Nikoloúdes – und wie sie alle heißen. Überall gibt es verwinkelte Gassen mit Treppenstufen, bunte Blumenkübel auf den Straßen, gigantische Blicke in die Bergwelt von Sámos und wunderschöne Fotomotive. In diese Galerie gehört auch Kokkári, Dritte im Bunde der großen Touristenzentren von Sámos. Der kleine Ort wirkt durch seine Kompaktheit intim und hat viel Atmosphäre.

Die Gegend zwischen Kokkári und Ágios Konstantínos ist auch gleichzeitig der bevorzugte Standort der vielen Wanderfreunde, die im Frühjahr so zahlreich nach Sámos kommen. Und in der Tat: Die Insel bietet hervorragende Möglichkeiten zum Bergwandern, insbesondere rund um Kokkári. Die Extra-Tour 4 (S. 90/91) führt auf einen der beliebtesten Wanderwege der Insel und ist auch für nicht geübte Wandervögel mit etwas Durchhaltevermögen problemlos zu bewältigen.

Sámos ist zwar unter den Inseln der Ostägäis das meistbesuchte Eiland, aber der Tourismus im größeren Stil hat glücklicherweise spät genug eingesetzt, damit man aus den Sündenfällen der großen Urlaubsinseln wie Korfu oder Rhodos lernen konnte. Gewaltige Bettenburgen, die die Landschaft verschandeln, und reine Touristengettos wird man auf Sámos nicht antreffen.

Nachdem der Bauboom der 1980er und frühen 1990er Jahre abgeebbt ist, ist auch für die nahe Zukunft die Gefahr nicht groß, dass die Samioten ihre Insel in eine Betonwüste verwandeln. Dennoch hat man die Wahl: einerseits touristisches Ambiente mit den entsprechenden Bequemlichkeiten und kitschigen Abendanimationen, für die man teuer bezahlt, oder die oftmals schlichte Kargheit eines Privatzimmers an einer abgelegenen Bucht oder in einem kleinen Dorf mit viel authentischer Atmosphäre andererseits.

Wofür auch immer man sich entscheidet, mit Sámos hat man bereits eine richtige Wahl getroffen. Da die Insel der Göttin Hera und des Mathematikers Pythágoras geographisch nicht sehr ausgedehnt ist, lassen sich die touristischen Highlights schon in weni-

Reizvolle Kontraste: das Kérkis-Massiv im Westen und das Häusergewirr von Áno Vathí, der Altstadt von Sámos-Stadt

gen Tagen erkunden. Dann bleibt noch immer genügend Zeit, um einmal hinter die Kulissen zu schauen und die interessanten Details in der zweiten Reihe aufzuspüren. Sámos erschließt sich relativ leicht, wenn Sie die ausgetretenen Touristenpfade verlassen und selbst auf Entdeckungstour gehen. Dabei helfen Ihnen dieses Buch und die freundlichen Bewohner der Insel.

Lage	Sámos liegt etwa auf dem gleichen nördlichen Breitengrad wie die griechische Hauptstadt Athen, der Ätna auf Sizilien oder die Sierra Morena in Spanien. Gleichzeitig ist Sámos das achtgrößte griechische Eiland und die östlichste der Ägäischen Inseln. Ihre Entfernung zur türkischen Küste beträgt an der schmalsten Stelle gerade mal 1,2 km.
Fläche	ca. 475 km^2; größte Ausdehnung von West nach Ost etwa 44 km, größte Ausdehnung von Nord nach Süd etwa 19 km. Damit kommt die Insel auf eine Küstenlänge von ca. 160 km.
Bevölkerung	ca. 35 000 Einwohner, davon 9000 im Hauptort Sámos-Stadt, der meist Vathí genannt wird.
Topographie	Die Insel ist im Osten durch sanfte Hügel geprägt, im Süden eher flach; in der Mitte, im Westen und im Norden wird sie von zwei gewaltigen Bergmassiven durchzogen.
Höchste Berge	Kérkis im Westen (1433 m), Profítis Ilías (1153 m) als Gipfel des Ámpelos-Gebirges in der Mitte der Insel.

Geschichte

Römische Thermen bei Pythagório

Vor- und Frühgeschichte

Die ältesten Funde, die auf menschliches Leben hinweisen, datieren aus der Jungsteinzeit. Pelasger, Karer und Leleger siedelten seit etwa 3000 v. Chr. auf Sámos. Minoer aus Kreta ließen sich ca. 1500 v. Chr. auf Sámos nieder, wurden aber seit 1400 v. Chr. von den Mykenern verdrängt. In diesen Jahren entstand der Kult um die Fruchtbarkeitsgöttin Hera (s. Extra-Tour 1, S. 84/85).

Von der griechischen zur römischen Antike

Sámos gelangte durch Handel über See zu Wohlstand. Ab 538 v. Chr. erreichte die kulturelle und wirtschaftliche Blüte der Insel unter dem Tyrannen Polýkrates ihren Höhepunkt. Zahlreiche antike Bauten entstanden (weitere Einzelheiten s. Extra-Tour 1, S. 84/85). Polýkrates ging aber auch als blutiger Kriegsherr in die Geschichte ein. Der bekannte samiotische Philosoph und Mathematiker Pythágoras musste wegen seiner adelsfreundlichen Haltung vor dem Tyrannen von der Insel fliehen. 522 v. Chr. fiel Sámos dann unter persische Herrschaft, bis es 479 v. Chr. dem siegreichen Attischen Seebund beitrat. Obwohl es auf der Insel nach dem Tod Alexanders des Großen wechselnde Herrschaftsverhältnisse gab, kam es zur Zeit des ebenfalls weltberühmt gewordenen samiotischen Philosophen Epikur zu neuer kultureller Blüte. 133 v. Chr. wurde Sámos Teil der römischen Provinz Asia. Sogar Antonius und Kleopatra sollen hier zahlreiche Weinfeste gefeiert haben.

Byzantiner, Venezianer und Türken

Die so genannte Reichsteilung 395 n. Chr brachte ganz Griechenland in die Einflusszone von Ost-Rom, dem Byzantinischen Reich. Es begannen sehr unruhige Jahrhunderte mit Dutzenden von Piratenüberfällen. Im Gefolge des vierten Kreuzzuges von 1204 setzten sich die Venezianer auf Sámos fest. 1453 eroberten die türkischen Osmanen Konstantinopel. Das Byzantinische Reich löste sich auf, und die Inseln der Ostägäis fielen 1475 unter türkische Herrschaft. Von Sámos ist bekannt, dass die Bevölkerung ihre Heimat fast vollständig verließ. 1562 begann die Wiederbesiedlung durch Griechen unter türkischer Oberaufsicht. Sámos brachte es in dieser Zeit zu bescheidener Blüte. Der Sultan interessierte sich nur für die Steuereinnahmen, sodass die Samioten politisch relativ autonom waren. Auf Sámos gab es, anders als auf Rhodos, nie eine größere türkische Bevölkerung oder eine Moschee.

Freiheitskampf, Nationalstaat und die ›Kleinasiatische Katastrophe‹

1821 brach der siegreiche griechische Freiheitskampf gegen die türkische Besatzung des Landes aus. Doch die europäischen Mächte verweigerten Sámos den Beitritt zum 1830 gegründeten Griechischen Königreich. Sámos erkämpfte sich als einzige der ostägäischen Inseln die Teilautonomie als Fürstentum (seit 1834). Erst 1912 wurde Sámos in das Königreich Griechenland eingegliedert. Beim Versuch, den Westen Kleinasiens zu erobern, scheiterte Griechenland 1922: 1,2 Mio. Griechen mussten die Türkei verlassen, gut eine halbe Million Türken Griechenland. Dieser Bevölkerungsaustausch nach der ›Kleinasiatischen Katastrophe‹ brachte den ostägäischen Inseln großes Flüchtlingselend.

Vom Zweiten Weltkrieg zur Demokratie

Nach Kriegsbeginn besetzten italienische Truppen die Insel. Zu größeren Kämpfen kam es auf Sámos nicht, doch gab es mehrere Geiselmorde durch die Italiener im Dorf Kastanéa (30. August 1943). Nach dem Abzug von Mussolinis Truppen bombardierte die deutsche Wehrmacht im November 1943 die Orte Vathí und Pythagório. Während der Jahre des Bürgerkriegs gehörte Sámos glücklicherweise nicht zu den führenden Schauplätzen des Geschehens im Land. Das galt übrigens auch für die Zeit der Militärjunta ab 1967. 1974 kehrte Griechenland zur Demokratie zurück, schaffte die Monarchie ab und trat der damaligen EG bei.

Aktuelle Entwicklung

Heute wird das Land von der sozialdemokratischen PASOK regiert, die durch ein rigides Sparprogramm den Beitritt Griechenlands zur Euro-Zone sichern konnte. Bei Wahlen im Frühjahr 2000 wurde der Kurs von Ministerpräsident Kostas Simitis bestätigt.

Gut zu wissen!

Die Orthodoxie zeigt sich bisweilen streng

Sámos ist ein unproblematisches Reiseziel. Wenn nicht immer alles perfekt organisiert ist, behilft man sich mit einer Portion griechischer Improvisationskunst. Akzeptieren Sie das, Sie haben ohnehin keine andere Wahl.

Wieder neue Nummern!

In Griechenland wurden die Telefonnummern auf ein zehnstelliges System umgestellt. Seit dem 1. Oktober 2002 muss bei Orts- wie bei Ferngesprächen stets die alte Vorwahl mit einer Zwei statt einer Null am Anfang mitgewählt werden; bereits Anfang 2001 wurde vor der alten Rufnummer eine Null eingefügt. Bei allen Mobiltelefonnummern wurde die erste Null durch die Sechs ersetzt.

Ermäßigungen: In staatlichen Einrichtungen zahlen Kinder, Schüler, Studenten (internationalen Schüler- bzw. Studentenausweis mitbringen) und Wehrpflichtige etwa die Hälfte. Im Winterhalbjahr zahlt man sonntags keinen Eintritt.

Handeln und Feilschen: Ist bei Kleinigkeiten unangebracht. Man würde Sie auslachen. Empfehlenswert nur bei Waren von größerem Wert, Zimmerbuchungen und Mietfahrzeugen. In der Hauptsaison stehen die Chancen auf Rabatte jedoch schlecht.

Kirchen- und Klosterbesuche: Nicht ganz unproblematisch, die Orthodoxie zeigt sich bisweilen sehr streng. In allen Klöstern und Kirchen gilt: Grundsätzlich dürfen keine nackten Schultern und Beine gezeigt werden. Frauen müssen einen Rock bis über die Knie, Männer eine lange Hose tragen. T-Shirts sind erlaubt, wenn sie Schultern und Oberarme bedecken. Lange Röcke gibt es bei Klöstern am Eingang in der Regel kostenlos auszuleihen, aber besser sollte man sich nicht darauf verlassen! In Kirchen sollte man nicht die Hände hinter dem Rücken verschränken oder mit gekreuzten Beinen sitzen. Ikonen den Rücken zuzuwenden gilt als respektlos. Fotografieren und Filmen wird in Kirchen meist nicht geduldet. Kerzen anzünden dürfen auch Touristen (gegen eine kleine Spende).

Kriminalität: Diebstahl ist nach griechischem Empfinden sehr unehrenhaft. Verschwindet mal etwas, waren es in der Regel andere Touristen. Die Kriminalitätsrate im Land ist die niedrigste der EU.

Medien: In touristischen Orten sind deutsche Printmedien erhältlich. Ein Tipp ist die ›Athener Zeitung‹, ein deutschsprachiges Blatt mit aktueller Berichterstattung über Griechenland. Nobelhotels haben oft Sat-TV, im Radio kann man auf MW 6075 kHz und 9545 kHz die Deutsche Welle hören.

Mittagsruhe: Die lange ›Siesta‹ ist den mediterranen Klimaverhältnissen angepasst. Im Sommer sind zwischen 14 und 17 Uhr alle Läden geschlossen – dafür haben sie nachts sehr lange auf.

Mücken: Zwischen Mai und September gibt es in manchen Gegenden recht viele Moskitos, die nachts ziemlich lästig werden können, wenn man nicht ein Zimmer mit Klimaanlage (AC) hat. Für Kinder sollte man besser richtige Moskitonetze mitnehmen!

Nackt baden und sonnen: FKK ist in Griechenland generell verboten; dafür gibt es besonders ausgewiesene Zonen: z. B. der Tsamadoú Beach zwischen Kokkári und Avlákia, wo Nudisten aber auch eher selten sind. Topless ist hingegen relativ akzeptiert; Griechinnen selbst lassen aber nur selten das Oberteil weg. Als geschmacklose Unsitte gilt dagegen, in Badehosen durch Dorfzentren zu bummeln oder nur mit Bikini bekleidet im Supermarkt einzukaufen.

Toiletten: Außerhalb von Hotels, Pensionen und Restaurants spottet ihr Zustand oft jeglicher Beschreibung. Häufig fehlen Brillen, oder es gibt noch die alten Stehklos. Toilettenpapier darf generell nicht in die Toilette geworfen werden, da die Abflussrohre sonst verstopfen. Dafür steht ein Eimer bereit, der in Hotels täglich gereinigt wird.

Trinkgeld: In Tavernen lässt man je nach Zufriedenheit 1–3 € für den Kellner auf dem Tisch liegen; Zimmermädchen gibt man am besten vorher ca. 5 € pro Woche.

Waldbrände: Im Sommer sind alle Wälder auf Sámos so trocken, dass sich Gräser und Sträucher binnen Sekunden entzünden. Längst nicht immer sind Bodenspekulanten die Schuldigen. Schon der reflektierte Sonnenstrahl einer weggeworfenen Coladose oder die vermeintlich ausgedrückte Zigarette können ausreichen. Verzichten Sie daher außerhalb der Ortschaften gänzlich auf Spielerei mit Feuer. Ohnehin drohen drastische Strafen! Daher gilt: Wer in den Wäldern raucht, steht bereits mit einem Fuß im Gefängnis.

Verhältnis zur Türkei: Die Griechen und speziell die Bewohner der ostägäischen Inseln schauen zum Teil noch immer sehr misstrauisch nach Osten. Halten Sie sich zurück, wenn man Sie auf die Türkei anspricht. Tipp: Keinesfalls in der Taverne einen ›türkischen Mokka‹ bestellen. Der heißt hier ›griechischer Kaffee‹, *kafé ellinikó*.

Wasser: Sámos leidet nicht unter extremer Wasserknappheit wie so viele andere Inseln. Die Winterregen sind in der Ostägäis meist sehr ergiebig, sodass viele Quellen den ganzen Sommer sprudeln.

Feste & Unterhaltung

Kein Ostern ohne Ostergebäck

Die Griechen lieben ihre Festtage, nationale wie regionale, kirchliche wie weltliche. Bewegliche Feste werden nach dem in der Ostkirche noch immer geltenden Julianischen Kalender berechnet und fallen daher nur selten auf den gleichen Tag wie im Westen. Wichtiger als Geburtstage sind in Griechenland Namenstage. Hier werden die Geschenke verteilt.

Festkalender

6. Januar: *Epiphanías* (Fest der Wasserweihe): In den Küstenorten zieht nach dem Gottesdienst eine Prozession an den Hafen. Der Priester wirft ein Kreuz ins Meer, und die jungen Männer tauchen danach. Wer es heraufholt, wird im neuen Jahr Glück haben.

Karneval: *Kádis-Fest* im Ort Spatharéi am Karnevalssonntag nach dem Motto ›Hohn und Spott über die türkische Besatzung‹.

25. März: Griechischer Unabhängigkeitstag: Erinnerung an den Aufstand von 1821 gegen die türkische Herrschaft in Griechenland. Außerdem: *Evangelismós,* Mariä Verkündigung.

Ostern (27. April 2003, 11. April 2004): Das höchste Fest der orthodoxen Kirche. Am Karfreitag schmücken die Frauen ein symbolisches Grab Christi *(Epitháphios)* mit Blumen, das abends in einer Prozession durch den Ort getragen wird. Am Ostersamstag versammeln sich alle gegen 23 Uhr in den Kirchen. Kurz vor Mitternacht werden alle Lichtquellen bis auf das Ewige Licht, gelöscht, kurz darauf verkündet der Priester die Auferstehung Christi. Am Sonntag werden Lämmer am Spieß gegrillt.

23. April: Kirchweihfest des Ágios Geórgios, in Kokkári, Mytiliní und Platanós.

1. Mai: Frühlingsfest und Tag der Arbeit

6. Mai: Kirchweihfest im Kloster Zoodóchos Pighí.

23./24. Juni: Kirchweihfest Ágios Ioánnis Klýdonas in Pythagório, Livemusik und Tanz auf der Platía Iríni.

7. Juli: Kirchweihfest Agía Kyriakí in Koumaradéi.

20. Juli: Kirchweihfest Profítis Ilías im Kloster in der Nähe von Karlóvassi, im Ort Stavrinídes und an der Kapelle auf dem Südhang des Kérkis.

27. Juli: Kirchweihfest Ágios Panteleímon in Kokkári, Koumaradéi, Mytiliní, Pírgos, Platanós, Spatharéi und Vourliótes.
Sommer (Juli/August): Fischerfeste in Pythagório, wechselnde Termine: Die Fischer stellen ihren Fang zur Verfügung, andere spenden Oúzo und Wein. Mit einheimischer Musik und Tanz. Mehrmals pro Woche auch Festabende in Pagóndas auf dem Dorfplatz.
6. August: In Pythagório Wettschwimmen und alljährliche Verbrennung eines Bootes zur Erinnerung an den Freiheitskampf von 1824. Tanzdarbietung in traditioneller Kleidung.
15. August: Kímissis Theotokoú (Mariä Entschlafung), auch einfach Panagía genannt. Der Todestag Marias wird als hoher Feiertag begangen. Besondere Feste gibt es in Karlóvassi, Pythagório und an der Höhlenkirche Panagía Makriní in der Nähe von Kallithéa.
13. August: Kirchweihfest im Kloster Megális Panagías.
31. August: Kirchweihfest im Kloster Agía Zóni.
8. September: Kirchweihfest im Kloster Vrontá und an der Genissi tís Theotokoú-Kirche in Vourliótes.
14. September: Kirchweihfest im Kloster Timíou Stavroú.
28. Oktober: Nationalfeiertag (Óchi-Tag): Man gedenkt des ›Neins‹ (griech. óchi), mit dem der Diktator Metaxás 1940 ein Ultimatum Mussolinis ablehnte. Daraufhin versuchte Italien, Griechenland zu besetzen, scheiterte aber, bis die deutsche Wehrmacht zu Hilfe kam.
9. November: Kirchweihfest des Ágios Nektários in Kontakéika
25. Dezember: Weihnachten, großes Festessen in den Familien. Geschenke werden erst an Neujahr verteilt.

Kirchweihfeste

Die griechischen Kirchweihfeste zu Ehren des jeweiligen Patronatsheiligen einer Kirche, eines Ortes oder eines Stadtteils werden *panigýri* genannt. Üblicherweise beginnt es am frühen Abend vor dem eigentlichen Festtag mit einem Gottesdienst. Danach wird vor der Kirche oder auf dem Dorfplatz mit Essen, Musik und Tanz ausgelassen gefeiert. Wer gerade vorbeikommt, wird gerne eingeladen. Passende Kleidung ist allerdings Voraussetzung.

Unterhaltung

Folklore: Die größeren Hotels und auch einige Tavernen organisieren oft einmal pro Woche Auftritte von Tanzgruppen. Dazu gibt es reichlich Animation und lokalen Wein. Wer echte griechische Feiern erleben will, muss die Dorffeste besuchen. Merke: Sie beginnen kaum vor Mitternacht.
Weinfest: im Juli und Aug. einmal pro Woche am Wochenende in Sámos-Stadt – sehr beliebt.
Discos: nur in den Touristenzentren Pythagório, Karlóvassi, Kokkári und Sámos-Stadt. Mittlerweile gibt es viele Musik-Cafés, die sich mit gedämpfter Rock-Musik und modernen griechischen Klängen von den Discos abheben, keinen Eintritt verlangen und oft den ganzen Tag über geöffnet sind (Discos & Clubs erst ab 23 Uhr).

Essen & Trinken

Griechenland ist nicht gerade ein Paradies für Gourmets, doch die samiotische Küche liegt deutlich über dem Landesdurchschnitt. Die Konkurrenz zwischen den zahlreichen Tavernen hält die Preise günstig, nur Fisch ist stets und überall so teuer, dass mancher über die Rechnung staunt.

Fragen Sie den Kellner nach Spezialitäten oder Tagesgerichten; einen Blick in die Pfannen darf man heute kaum noch riskieren. Wirklich zur Auswahl stehen stets nur die Speisen der Karte, die mit einem Preis versehen sind, wobei Fisch immer mit Kilopreisen ausgezeichnet wird.

Wie und wann?

Frühstückslokale sind eine touristische Erfindung und haben mit den Landessitten nichts zu tun. Den Griechen genügt eine Tasse Kaffee und allenfalls ein Stück Weißbrot zum Frühstück. Hotels bieten dagegen mitteleuropäischen oder englischen Standard, oft ein Büfett mit guter Auswahl.

Mittagessen ist in Griechenland traditionell nicht vor 14 Uhr üblich. Dennoch öffnen die Tavernen in Touristenzentren bereits um 11 Uhr und bleiben oft durchgängig bis nach Mitternacht geöffnet. Manchmal gibt es mittags nur eine kleinere Auswahl an Speisen.

Hauptmahlzeit für die Einheimischen ist das **Abendessen.** Griechen lieben es, ausgiebig und lange zu speisen. Dazu kommt man im Sommer selten vor 22 Uhr zusammen. Unter Griechen ist es üblich, dass einer für den ganzen Tisch bezahlt. Das nächste Mal bezahlt dann eben ein anderer. Getrennte Rechnungen verlangen dem Kellner ungewohnt viel Mühe ab. Kündigen Sie es bitte schon bei der Bestellung an, wenn Sie später separate Rechnungen wünschen.

Lokaltypen

Generell gilt: In traditionellen, bodenständigen Tavernen isst man landestypischer, abwechslungsreicher, günstiger und fast immer auch besser als in Nobelrestaurants.

Tavérna, Estiatório und **Restaurant** unterscheiden sich im Grunde heute kaum noch voneinander. Wer moderner sein will, nennt seine Gaststätte Restaurant, wer mehr auf Tradition hält, wählt Tavérna oder Estiatório. Früher war das Estiatório gehobener als die Tavérna, die eine geringere Auswahl an Speisen bereithielt. Darunter steht noch die **Oúzeri,** in der oft nur Getränke und Kleinigkeiten, die so genannten *mezédes* (Vorspeisen bzw. Appetithappen wie Oktopus, Muscheln oder Oliven), angeboten werden. Außerdem gibt es noch die **Psárotavérna** (Fischtaverne) und die

Psistária (Grillstube) sowie zahllose Gýros-Buden.

Kafenía (in der Einzahl **Kafeníon**) sind die traditionellen Kaffeehäuser, wo die griechische Männergesellschaft unter sich sein will und darf. Frauen, deren Reich das Haus ist, kommen hier nicht hin. Als Wirtin oder als Touristinnen werden sie aber natürlich akzeptiert.

Getränke

Cola & Co. und die **Biere** deutscher oder holländischer Brauereien sind fast überall erhältlich. Mit *Mýthos* und *Álpha* haben sich aber auch wieder Biere aus Griechenland etablieren können.

Wein *(krassí)* wird in Flaschen oder aus dem Fass *(chíma)* angeboten. Berühmt für die Insel ist der süße **Sámos-Wein** (s. Extra-Tour 3, S. 88/89). Der Griechen wertvollstes Getränk wird von den Fremden am geringsten geschätzt, das **Wasser** *(neró)*. Üblicherweise bekommt man es ohne Kohlensäure. Wasser mit Kohlensäure heißt *sóda*.

Am meisten Probleme bereitet Urlaubern jedoch der **Kaffee** in Griechenland. Wer einfach nur Kaffee bestellt, bekommt meistens löslichen Kaffee *(ness* genannt). Filterkaffee heißt *kafé fíltro,* gibt es aber außerhalb der großen Hotels kaum. *Ness* wird entweder heiß *(sestó)* oder kalt als *frappé* serviert (mit Milch = *me gála).* Für den ›griechischen Kaffee‹, *kafé ellinikó,* wird das Kaffeepulver mit Wasser und Zucker aufgekocht und in kleinen Tassen mit Satz serviert. Warten Sie einige Minuten, bis sich der Satz abgesetzt hat. Der *ellinikó* wird stets ohne Milch getrunken. Auch hier fragt der Kellner nach dem gewünschten Süßegrad: *skétto* meint ohne Zucker, *métrio* mittelstark gezuckert und *glikó* süß. Normalerweise wird zum *ellinikó* unaufgefordert ein Glas Wasser gereicht.

Spezialitäten-Lexikon

dolmadákia Weinblätter gefüllt
taramosaláta Fischrogenpüree
melitsanosaláta Auberginenpüree
archinosaláta Seeigelsalat
revíthokefthédes frittierte Kichererbsenklößchen
choriátiki saláta Griechischer Bauernsalat
skordaliá Püree aus Kartoffeln und Knoblauch
gemistés (jemistés) mit Reis gefüllte Tomaten oder Paprika
giouvétsi (juvétsi) Kalbfleisch mit *kritharáki* (Reisnudeln) in Tomatensauce geschmort
kokkinistó Rindfleisch in Tomatensauce
paidákia Lammkoteletts, gegrillt oder gebacken
stifádo geschmortes Fleisch in Zwiebelsauce
kalamarákia gebratener Tintenfisch
barboúni Rotbarbe
xifiás in dicken Scheiben gegrillter Schwertfisch
ochtapódi Oktopus, Krake
galaktoboúreko Blätterteiggebäck mit cremiger Grießfüllung
chalvá knuspriges Gebäck aus Honig und Sesam
yaoúrti me méli vollfetter Joghurt mit Honig

Sport & Freizeit

Surfen rund um die Insel

Baden & Strände

Baden ist überall erlaubt. Allerdings sollte man darauf verzichten, von den Ufertavernen größerer Orte direkt ins schmutzige Hafenbecken zu springen. Etwas abseits und an den beliebten Stränden ist das Wasser in der Regel sauber. Nur bei starkem Nordwind, dem gefürchteten Meltémi, wird oft allerlei Schmutz aus dem Meer an die Strände gespült. Bei steinigem Untergrund sollte man auf Seeigel achten (bei Verletzungen mit Seeigeln unbedingt zum Arzt gehen). Quallen kommen nur sehr selten vor. Sonnenliegen und -schirme werden an allen stark frequentierten Stränden vermietet (Schirm und zwei Liegen 4–6 €/Tag). Die allermeisten Hotels bieten einen eigenen Pool mit Liegen, dazu gelegentlich Wasserrutschen oder Sprungbretter.

Kinderfreundliche Strände sind generell eher an der Südküste zu finden. Der Wellengang ist deutlich geringer, das Wasser länger flach und merklich wärmer. Für Familien mit kleinen Kindern sind die Strände von Votsalákia, Limniónas und die beiden Psilí Ámmos besonders zu empfehlen.

Mountainbiking

Wegen seines überwiegend bergigen Profils eignet sich Sámos am ehesten für Mountainbiker mit guter Kondition. Der flachere Osten rund um die Hauptstadt Sámos-Stadt und die Flughafenebene um Pythagório sind auch ein interessantes Radelrevier für Hobbybiker. In den Touristenzentren werden organisierte Biketouren als Tagesausflüge angeboten. Auf eigene Faust wird es selbst mit der guten Karte des Verlags Road Editions auf ›Asphaltbiking‹ hinauslaufen. Markierte Wege abseits der Autostraßen sind auf Sámos Mangelware, viele Wege enden irgendwo im Dickicht oder gar am Abgrund, weil sie nur als Stichpisten zu Zufahrtszwecken angelegt wurden. Ziegen- und Trockenmauern sind oft unüberwindliche Hindernisse.

Giannis in Sámos-Stadt und das **Kokkári Surf & Bike Center** vermieten recht neue Bikes und auch spezielle Ausführungen für absolute Freaks. Darüber hinaus werden von beiden auch organisierte Touren mit Führer angeboten (Giannis: Tel. 2273-023 756, Kokkári Surf & Bike Center: Tel. 2273-092 744).

Wandern

Entlang der Nord- und Westküste und im bergigen Binnenland finden geübte Wanderer ihr Dorado. Leider gilt auch hier: Aufgrund fehlender Detailkarten ist das Wandern nicht ganz einfach. Viele Pfade sind nur schwer zu finden. Planen Sie Ihre Routen zeitlich immer großzügig. Generell sollte man Wanderurlaube in Griechenland nur im Frühjahr oder Herbst unternehmen, der Sommer ist für Touren viel zu heiß. Dennoch: Sonnenhut, Schutzcreme, eine große Wasserflasche und gute Bergwanderschuhe dürfen niemals fehlen. Gehen Sie möglichst früh am Morgen los und vermeiden Sie größere Anstrengungen in der Mittagshitze. Wandern Sie nie allein und hinterlassen Sie an der Hotelrezeption Ihre Routenplanung. Auch auf Sámos gibt es noch abgelegene Gebiete, in denen tagelang kein Mensch vorbeikommt. Einige deutsche Reiseveranstalter bieten organisierten Wanderurlaub auf Sámos an. Fragen Sie im Reisebüro.

Wassersport

Schnorcheln ist überall erlaubt, für das **Tauchen** mit Pressluftflaschen sind Sondergenehmigungen erforderlich. Kurse und Ausrüstung bieten die Diving Centers von Sámos-Stadt (Tel. 2273-022 997, 2273-061 480), Karlóvassi (Tel. 2273-033 386, 2273-033 525) und Iréo (Tel. 2273-095 234).

Surfen ist rund um die Insel möglich und wird auch an allen touristisch erschlossenen Stränden angeboten. Profis bevorzugen wegen der häufig sehr starken Meltémia die Nordküste bei Kokkári, Anfänger sollten lieber in den etwas ruhigeren Gewässern bei Pythagório oder Votsalákia erste Erfahrungen sammeln. Eine offizielle Surfschule gibt es am Strand von Kokkári (s. S. 44). Für ein neues Brett ist mit ca. 14 €/Std. Leihgebühr zu rechnen.

Tret- und großrädrige **Pedalboote** werden in den Touristenzentren angeboten (ca. 12 €/Std.). **Motor-** und **Segelboote** können Besitzer entsprechender Führerscheine in Pythagório, Sámos-Stadt, Karlóvassi und Iréo ausleihen.

Wasser-Fun gibt es nur an den stark besuchten Stränden, z. B. in Votsalákia, Pythagório und Kokkári. Geboten wird u. a.: Parachuting mit Einzel- und Doppelschirmen (20–30 € für 20 Min.), Crazy-Banana (ca. 8 € für 20 Min.), Ringos (ca. 8 € für 10 Min.), Luftkissenstuhl (ca. 15 € pro 10 Min.), Wasserski (ca. 15 € für 20 Min.) und 750-ccm-Wasserbikes (ca. 25 € für 10 Min.).

Go-Kart-Bahn

An der Straße von Sámos-Stadt nach Pythagório, etwa auf Höhe des Abzweigs zum Psilí Ámmos, befindet sich eine Go-Kart-Rennbahn – ein beliebter Spaß bei Einheimischen wie Touristen. Auf der mit reichlich Gummi gesicherten Bahn kosten sechs Runden 4 € inkl. Benzin, tgl. 10–0 Uhr, Tel. 2273-062 258, 2273-061 784.

Sprachführer

Das griechische Alphabet

groß	klein	Aussprache	Umschrift
Α	α	**a**	/ a
Β	β	**w**	/ v (w)
Γ	γ	**j** vor I und E, sonst wie weiches **g**	/ g (j, y) / g (gh)
Δ	δ	wie im Engl. ›**th**e‹	/ d (dh)
Ε	ε	**ä**	/ e (ä)
Ζ	ζ	**s**	/ z (s)
Η	η	**i**	/ i
Θ	θ	wie im Engl. ›**th**anks‹	/ th
Ι	ι	**i**, vor A wie **j**	/ i (j)
Κ	κ	**k**	/ k
Λ	λ	**l**	/ l
Μ	μ	**m**	/ m
Ν	ν	**n**	/ n
Ξ	ξ	**x**	/ x (ks)
Ο	ο	wie in ›**o**ft‹	/ o
Π	π	**p**	/ p
Ρ	ρ	**r** gerollt wie im Italienischen	/ r
Σ	σ	wie in ›Ta**ss**e‹	/ ss (s)
Τ	τ	**t**	/ t
Υ	υ	**i**; nach A und E wie **w** vor stimmhaftem Konsonant, wie **f** vor stimmlosem	/ y (i) / w (v) / f (v)
Φ	φ	**f**	/ f (ph)
Χ	χ	wie in ›i**ch**‹ vor Konsonanten und dunklen Vokalen; wie in ›a**ch**‹ vor hellen Vokalen	/ ch
Ψ	ψ	**ps**	/ ps
Ω	ω	wie in ›**o**ft‹	/ o

Buchstabenkombinationen

ΑΙ	αι	**ä**	/ e (ä)
ΓΓ	γγ	**ng**	/ ng
ΕΙ	ει	**ie**	/ i
ΜΠ	μπ	**b** im Anlaut; **mb** im Wort	/ b / mb
ΝΤ	ντ	**d** im Anlaut; **nd** im Wort	/ d / nd (nt)
ΟΙ	οι	**i**	/ i
ΟΥ	ου	**u**	/ ou (u)
ΤΖ	τξ	**ds**	/ tz (ds)

Nützliche Worte:

Guten Tag!	Kalí méra!
Guten Abend!	Kalí spéra!
Gute Nacht!	Kalí níchta!
Hallo! (per du)	Jássu!
Hallo! (per Sie oder mehrere)	Jássas
Auf Wiedersehen!	Adío!
Bitte!	Parakaló!
Danke!	Efcharistó!
Entschuldigung!	Singnómi!
ja/jawohl	nä/málista
nein	óchi
Es gefällt mir (nicht)	(den) maréssi
gut/schlecht	kaló/kakó
Fischerboot	Kaíki
starker Nordwind	Meltémi

Orientierung:

Ankerplatz	Órmos
Burg/Kastell	Kástro
Hauptkirche	Mitrópolis
Hauptort	Chóra
Kaffeehaus	Kafeníon
Kloster	Moní
Krämerladen	Pantopolíon
Platz	Platía
Straße	Odós

Die wichtigsten Sätze

Auskünfte	
Gibt es...?	échi...?
Wo ist...?	pu íne...?
Wie spät ist es?	ti óra íne?
Wieviel kostet das?	pósso káni aftó?
Was wünschen Sie?	ti théle-te?
Wo ist die Toilette, bitte?	pú íne tualétta parakaló?
Unterkunft	
Haben sie ein freies Zimmer? -;	échete éna eléfthero domátio?
... für eine Nacht	... ja éna vrádi
Unterwegs	
Hafen/Schiff	limáni/karáwi
Station/Bus	stathmós/leoforío
Motorrad/Auto	motosikléta/aftokínito
Wann fährt er/es ab?	póte thá féwji?
Wieviele Kilometer bis...?	póssa chiliómetra sto...?
Wo fährt der Bus nach...?	pú féwji tó leoforío já...?
Wann fährt der letzte Bus nach...?	póte féwji tó tleftéo leoforió já...?
Ist das der Weg nach...?	íne aftós ó drómos já...?

Uferstraße	Paralía
links	aristerá
rechts	deksjá
geradeaus	efthían
hinter, zurück	píso
weit	makría
nah	kondá
Tageszeiten:	
Vormittag	proí
Mittag	mésimeri
Nachmittag	apógevma
Abend/Nacht	vrádi/níchta
Im Restaurant:	
Speisekarte	katálogos
Rechnung	logarjasmó
Zahlen, bitte	pliróssome, parakaló
eine Portion	mía merída
zwei Portionen	dío merídes
Wasser	neró
Brot	psomí
mit (ohne) Zucker	me (chorís) záchari
mit Milch	me gála

Zahlen: Die Eins zeigt man mit dem Zeigefinger, der Daumen kommt erst für die Fünf hinzu!

1	énas (männl.), mía (weibl.)	40	saránda
2	dío	50	penínda
3	tría, tris	60	eksínda
4	téssera, tésseris	70	eftomínda
5	pénde	80	októnda
6	éksi	90	enneneínda
7	eftá	100	ekató
8	októ	200	diakósja
9	ennéa	300	triakósja
10	déka	400	tetrakósja
11	éndeka	500	pendakósja
12	dódeka	600	eksakósja
13	dekatría	700	eptakósja
14	delatéssera	800	oktakósja
20	íkossi	900	ennjakósja
21	íkossi ena	1000	chílja
30	triánda	2000	dío chiljádes
		1 Mio.	éna ekatomírrio

Auskunft

Griechische Zentrale für Fremdenverkehr
... in Deutschland
Neue Mainzer Str. 22
60311 Frankfurt am Main
Tel. 069/23 65 61, Fax 23 65 76
E-Mail: info@gzf-eot.de
die URL ist noch im Aufbau
... in Österreich
Opernring 8, A-1015 Wien
Tel. 01/512 53 17, Fax 513 91 89
E-Mail: grect@vienna.at
... in der Schweiz
Löwenstr. 25, CH-8001 Zürich
Tel. 01/221 01 05, Fax 212 05 16
E-Mail: eot@bluewin.ch

Ellenikós Organismós Tourísmou (E.O.T.)
... auf Sámos
Sámos-Stadt
4 Odós 25 Martíou, Tel. 2273-028 582, Fax 2273-028 530
Wechselnde Öffnungszeiten, zumeist aber Mo–Sa ca. 9–15 Uhr.
Pythagório
Lykoúrgou Logothéti
Juni–Sept. tgl. 8–22 Uhr
Kokkári
An der Hauptstraße, ca. 100 m neben der Hauptkirche,
Mai–Sept. tgl. 9–20 Uhr.
Informationen auch bei den privaten Reisebüros.

Im Internet

www.gnto.gr Homepage der E.O.T. (auf Englisch)
www.samostreff.de Infos in deutscher Sprache, Foto-Galerie, Shop (Oúzo und Bücher), Adressen und Forum für Sámos-Fans
www.diavlos.gr Größter samiotischer Infodienst (auf Englisch)
www.samos.gr Offizielle Seite der Inselverwaltung (auch auf Englisch)
www.kokkari.de Private Kokkári-Seite (auf Deutsch)
www.votsalakia.com Private Votsalákia-Seite (auf Deutsch)
www.in-greece.de Kommerzielle Site mit privaten Reiseberichten in Deutsch
www.greekhotel.com/n-aegean/samos Hotelguide auf Englisch
Weitere Infos über die ›Reiselinks‹ bei www.dumontreise.de

Behinderte

Allenfalls die neueren Top-Hotels sind halbwegs behindertengerecht gebaut. Sonst ist Griechenland für Rollstuhlfahrer ein generell problematisches Terrain: ohne Begleitperson nicht empfehlenswert.

Reisezeit

Saison ist auf Sámos von Mitte April bis Ende Oktober, aber die besten Urlaubsmonate sind im Frühjahr von Anfang Mai bis Ende Juni. In dieser Periode fallen Regenschauer seltener, der Meltémi bläst noch relativ schwach, und das Wasser ist schon über 18 °C warm. Als Hauptsaison gelten die Monate Juli und August. Alle Hotels sind dann restlos ausgebucht, und an den Stränden herrscht vielfach drangvolle Enge. Von Mitte September bis Ende Oktober ist das Klima dann wieder angenehm warm. Nachteil im Herbst: Es wird merklich früher dunkel. Ab November fallen öfter Regenschauer, und ein kühler Wind peitscht über die Inseln der Ägäis. Sámos ist kein Winterziel: Hotels und Restaurants schließen ihre Pforten.

Einreise

Für Angehörige von EU-Staaten und auch für Schweizer genügt ein gültiger Personalausweis. Kinder unter 16 Jahre benötigen einen eigenen Kinderausweis oder müssen im Reisepass der Eltern eingetragen sein. Mit Pässen, die einen Stempel der Türkischen Republik Nordzypern besitzen, kann man Probleme bekommen!

Für die auf Sámos angebotenen Tagesausflüge in die Türkei reicht der Personalausweis aus. Wer länger oder über Nacht in der Türkei bleiben will (bei Pauschalarrangements verboten!), benötigt einen Reisepass.

Zollbestimmungen: Waren zum persönlichen Gebrauch dürfen innerhalb der EU unbegrenzt ein- und ausgeführt werden. Daher sind erst mehr als 800 Zigaretten, 90 l Wein, 10 l Schnaps steuerpflichtig. Für Schweizer gelten Richtwerte für Personen ab 17 Jahren: 200 Zigaretten, 50 Zigarren, 1 l Spirituosen und 2 l Wein.

Anreise

Mit dem Flugzeug

Im **Charterverkehr** wird der Flughafen von Sámos zwischen Anfang Mai und Mitte Okt. direkt oder mit Zwischenlandung von zahlreichen mitteleuropäischen Flughäfen angeflogen. Die Flugzeit beträgt ab Berlin ca. 3 Std., ab Frankfurt ca. 2 Std. 50 Min. und ab München ca. 2 Std. 40 Min.

Linienflüge werden nur nach Athen angeboten. Von dort fliegen kleinere Propellermaschinen der Olympic Airways ca. 4–5 x tgl. in etwa 60 Min. nach Sámos, günstiger sind evtl. Flüge der neuen privaten Fluggesellschaften.

Flughafen Sámos: Charter- und Linienflugzeuge landen auf dem kleinen Flughafen von Sámos, etwa 2,5 km westlich von Pythagório. In der Schalterhalle gibt es eine Bank zum Geldwechseln, mehrere Mietwagenfirmen bieten ihre Fahrzeuge an. Leider gibt es keine öffentliche Busverbindung. Die Taxi-Fahrt nach Sámos-Stadt kostet mit Gepäckzuschlag etwa 10 €, nachts das Doppelte (Pythagório: ca. 4 €, Kokkári: ca. 14 €, Karlóvassi: ca. 20 €, Votsalákia: ca. 23 €).

Taxi-Service am Flughafen:
Tel. 2273-061 450.

Mit Auto und Fähre

Die Fährverbindungen von den italienischen Adria-Häfen Venezia, Ancona oder Brindisi führen zunächst nach Pátra auf dem Peloponnes. Von dort auf der Schnellstraße nach Athen/Piräus und mit den innergriechischen Fähren 1–2 x tgl. je nach Route in 11–14 Std. über die Kykladen bis Sámos. Angefahren werden die Häfen von Sámos-Stadt im Osten und Karlóvassi im Nordwesten.

Aktueller Fahrplan und Preise unter: www.gtpweb.com.

Unterwegs auf Sámos

Das Straßennetz der Insel ist recht gut ausgebaut. Alle wichtigen Verbindungswege sind asphaltiert. Fallen Sie aber nicht auf die z. T. maßlos veralteten griechischen Landkarten herein. Die oftmals eingezeichnete Straße zwischen Drakéi und Karlóvassi gab es noch nie. Mit Abstand bestes Blatt ist die jährlich überarbeitete Karte des Verlags Road Editions im Maßstab 1 : 50 000.

Mit dem Bus

Der Busverkehr auf Sámos funktioniert meist komplikationslos. Die öffentlichen Busse der Gesellschaft K.T.E.L. sind an ihrer türkisbeigen Lackierung gut zu erkennen. Knotenpunkt ist naturgemäß Sámos-Stadt. Von dort gibt es Verbindungen zu den meisten Orten der Insel. Der Fahrplan ist in englischer Sprache am Busbahnhof von Sámos-Stadt angeschlagen, größere Hotels haben oft Kopien an der Rezeption. Die Fahrpreise sind günstig. Durchschnittlich ist mit etwa 10 Cent/km zu rechnen.
Achtung: Samstags gibt es nur einen eingeschränkten Fahrplan, sonntags fahren überhaupt keine Busse.

Mit dem Taxi

Taxifahren ist in Griechenland deutlich billiger als in Deutschland. Manche Fahrer verlangen allerdings überhöhte Preise. In den Städten und Touristenzentren wird nach Taxameter gefahren, längere Überlandfahrten werden pauschal nach Kilometern bezahlt. Der zentrale Taxistandplatz von Sámos-Stadt liegt an der Platía Pythágoras. **Taxi-Ruf:** Tel. 2273-028 404.

Die Grundpreise sind relativ niedrig (10 km 3,7 €), doch allerlei Zuschläge verursachen einen undurchschaubaren Tarifdschungel. Es gibt Aufpreise für großes Gepäck (Koffer, Rucksäcke), das Verlassen der Stadtgrenze, Nachtfahrten und Feiertage. Grob kalkuliert gelten die folgenden Richtpreise: von Sámos-Stadt nach Kokkári ca. 6 €, nach Pythagório ca. 8 €, nach Karlóvassi ca. 18 €.

Mit dem Mietfahrzeug

In Anbetracht der guten Straßen durchaus empfehlenswert. Die Hauptrouten führen von Sámos-Stadt entlang der Nordküste nach Karlóvassi und von Karlóvassi durchs Inselinnere an die Südküste nach Pythagório und wieder zurück nach Sámos-Stadt sowie von Karlóvassi hinunter nach Votsalákia. Auch die Nebenstrecken zu den Dörfern sind längst asphaltiert. Schotterpisten gibt es nur noch in entlegeneren Gegenden. Bitte dennoch äußerst vorsichtig und defensiv fahren. Insbesondere Zweiradfahrer sollten darauf achten, dass der staubige Asphalt bei Nässe sehr rutschig und bei extremer Hitze gefährlich aufgeweicht wird.

Oft sind die Fahrzeuge in erbärmlichem Zustand, Reifen und Bremsen abgenutzt, Kupplung und Stoßdämpfer defekt usw. Bestehen Sie unbedingt auf einer Probefahrt und verlangen Sie ggf. ein anderes Fahrzeug. Lesen Sie den Mietvertrag genau durch.

Neuerdings werden Führerscheine und die Helmpflicht auch bei Touristen gnadenlos kontrolliert. Die Strafen sind drastisch: Missachten der Anschnallpflicht kostet 80 €, Vespafahren ohne Helm wird ebenfalls mit 80 € geahndet.

Mietwagen werden schon am Flughafen und in allen Touristenzentren angeboten. Es gibt üblicherweise Kleinwagen und Jeeps, wobei Letztere merklich teurer sind. Wer in der Nebensaison oder längerfristig (ab 3 Tage) mietet, erhält normalerweise einen Rabatt. Vollkaskoversicherungen werden angeboten, decken aber niemals Schäden an den Reifen und der Wagenunterseite ab. Das Mindestalter des Mieters beträgt meist 21 Jahre, wobei der Führerschein mindestens ein Jahr alt sein muss. Inklusive Steuer und Versicherung sollte man je nach Saison mit etwa 32–50 € pro Tag für einen Kleinwagen rechnen.

Mopeds sind eine preiswerte Alternative zum PKW. Beliebt sind insbesondere Roller und Enduros. Angeboten werden aber auch Maschinen mit bis zu 250 ccm. Generell gilt: Wer sich mit den angebotenen Zweirädern nicht auskennt, sollte dieses Defizit nicht unbedingt in Griechenland ausgleichen wollen. Mietpreise halten sich im Rahmen: Eine 50er kostet je nach Saison 8–13 € pro Tag, eine Enduro 13–25 €.

Verkehrsregeln: Höchstgeschwindigkeit innerorts 50 km/h, außerorts 80 km/h. An blau markierten Seitenstreifen darf nicht geparkt werden. Ansonsten ähnliche Regeln wie in Deutschland. Promillegrenze 0,5. Kontrollen sind selten, aber wenn man ertappt wird, drohen saftige Bußgelder (über 150 €).

Mit dem Schiff

Im Hochsommer verkehren mehrmals täglich **Linienfähren** zwischen Sámos-Stadt und Karlóvassi (Limáni) sowie die Flying Dolphin-Schnellboote zwischen Sámos-Stadt und Pythagório.

Ausflugsboote: zahlreiche Angebote ab Sámos-Stadt und Pythagório. Beliebte Ziele sind die einsamen Strände an der Westküste, die vorgelagerte Insel Samiopoúla und Tagestouren nach Foúrni, Ikaría und Pátmos sowie aufs nahegelegene türkische Festland (über den Hafen Kuşadasi bis nach Ephesus).

Unterkünfte

Große Hotels konzentrieren sich weitgehend auf Sámos-Stadt, Karlóvassi, Kokkári, Pythagório und Votsalákia. Hier liegen auch die Top-Ziele der Reiseveranstalter. Wer ohne Übernachtung gebucht hat, wird in der Nebensaison keine Probleme haben, ein passendes Zimmer zu finden. Schwieriger wird es im Juli und August, wenn die Griechen Urlaub machen.

Hotels sind in sechs Klassen eingeteilt. Die Luxus-Klasse wird in Sámos nicht angeboten, bleiben also die Klassen A (die höchste) bis E (die niedrigste). Frühstück ist normalerweise nicht im Preis inbegriffen, Halbpension gibt es nur in den großen Hotels.

Pensionen nennen sich ›Rooms to let‹ oder griechisch *Enikiázete domátia*. Sie haben überwiegend eine karge Einrichtung, sind aber mittlerweile oft mit eigenem Bad ausgestattet. Auf jeden Fall zuerst einen Blick in die Zimmer werfen.

Studios und Apartments finden sich überall, wo es auch Pensionen gibt. Als Studios werden eigentlich Zimmer mit Bad und Küche bezeichnet, als Apartments mindestens zwei Zimmer, doch so genau unterscheidet man in der Praxis nicht.

Auf Sámos gibt es weder einen offiziellen **Campingplatz** noch eine **Jugendherberge.**

Orte v

Entspannt in einer urigen Taverne sitzen, frischen Fisch genießen und am Strand den Sonnenuntergang beobachten, in die geschäftige Lebensfreude von Vathí oder Pythagório eintauchen, in der grünen Bergwelt wandern und in verschlafenen Dörfern im Schatten einer Platane ausruhen, in ausgesuchten Nachtclubs griechischer und internationaler Musik

on A-Z

lauschen und Unterkünfte ganz nach Geschmack finden. Dieser Sámos-Führer gibt Ihnen nützliche Tipps und ausgesuchte Adressen an die Hand, damit Ihr Urlaub zum Erlebnis wird! Und wer Besonderes sehen möchte, dem seien die Extra-Touren empfohlen. Sámos in kompakter, überschaubarer Form für alle, die viel sehen und nichts verpassen wollen...

Orte von A-Z

Alle interessanten Orte und ausgewählte touristische Highlights auf einen Blick – alphabetisch geordnet und anhand der Lage- bzw. Koordinatenangabe problemlos in der großen Extra-Karte zu finden.

Ágios Konstantínos & Kámpos

Lage: F/G 3 und G 3
Einwohner: ca. 250

Ágios Konstantínos besteht aus zwei Ortsteilen: einem alten Bauernweiler auf der dem Berg zugewandten Seite der Inselstraße und einer weitgehend neuen Küstensiedlung direkt am Wasser. Beide haben ihren Reiz. Unterkünfte, Restaurants und andere touristische Infrastruktur befinden sich nahezu ausschließlich entlang des Küstenstreifens. Der Sommerrummel hält sich allerdings stark in Grenzen, da der Ort nur über einen nicht sonderlich attraktiven Felsstrand verfügt. Der kleine Fischerhafen lässt es ahnen: Man lebt vom Fischfang, teilweise auch noch von der Landwirtschaft, insbesondere aber vom Weinanbau.

Kámpos, eigentlich Kámpos Vourliotón, ist noch ruhiger als Ágios Konstantínos, einen Ortskern kann man kaum erkennen. Tourismus hat hier den Charakter eines Nebenverdienstes. Die Bewohner von Kámpos leben fast ausschließlich vom Weinanbau.

Vor der **Paralía von Ágios Konstantínos** verläuft ein langer und schmaler Streifen mit riesigen Felsblöcken. Sie dienen als Wellenbrecher gegen die starke Brandung. Baden ist hier nicht möglich, allenfalls zum Angeln lassen sich die Felsen nutzen. Die nächsten Strände liegen jeweils etwa einen Kilometer westlich und östlich des Ortes (siehe Karte).

Ámpelos und Stavrinídes: Zwei auf den ersten Blick eher verschlafene Weinbauorte im Hinterland der Küste am Fuß des 1039 m hohen Berges Zovrachiá. Die Straße nach Ámpelos und Stavrinídes zweigt am westlichen Dorfausgang von Ágios Konstantínos ab. Zentrum von Ámpelos ist die erstaunlich große Kirche Ágios Ioánnis an der Platía Ethnikís Antístasis. Hier befinden sich eine gute Taverne auf weinüberrankter Hochterrasse und oberhalb der Odós Papadimitríou der eingefasste **Brunnen Keramídi,** an dem man frisches Quellwasser trinken kann. In Stavrinídes trifft man zunächst auf die **Tavérna Irída** an der Zufahrtsstraße sowie direkt an der Dorfkirche auf das **Kafeníon Melíssa.** Stavrinídes ist noch ruhi-

- Sightseeing
- Museum
- Baden
- Sport & Freizeit
- Ausflüge
- Information
- Hotels
- Restaurants
- Shopping
- Nightlife
- Feste
- Verkehr

ger und kleiner als Ámpelos. Ein hübscher, sauberer und farbenfroher Ort mit einem wunderschönen Blick auf den **Berg Lazarós** (G 4).

Ambelos Tours: in Ágios Konstantínos, etwa in der Mitte der Küstenstraße, Tel. 2273-094 136, Fax 2273-094 114.
Kleines Reisebüro: Zimmer- und Autovermittlung, Geldwechsel, Schiffstickets.

Ágios Konstantínos
Alexándra: an der Durchgangsstraße, Tel. 2273-094 278, moderat.
Derzeit werden 8 Studios vermietet, aber es wird weiter kräftig gebaut. Alle Zimmer mit Bad und Balkon, aber nicht jedes mit Meerblick. Freundliche Atmosphäre. Nur ein paar Stufen zum Meer.
Coral: am westlichen Ortsrand zwischen Strand und Inselstraße, Tel. 2273-094 390, moderat.
Die freundliche Evelyn aus Wien und ihr hilfsbereiter griechischer Ehemann Kóstas führen diese kleine, schnuckelige Pension. Modern eingerichtete und geräumige Zimmer, Bäder ganz in Marmor, Kühlschrank, dazu Meerblick von fast allen Balkonen. Hübscher, bunter Garten mit Bananenstauden. Frühstück soliden mitteleuropäischen Standards mit Ei, Kuchen und Filterkaffee.
Kámpos
Amphithéa: am südwestlichen Ortsrand, Tel. 2273-094 374, Fax 2273-094 550, günstig.
Etwas erhöht am Hang und nicht leicht zu finden, liegt die Pension von der gut Deutsch sprechenden Chrisoúla Kamnióti. Vermietet werden eine Handvoll Zimmer der mittleren Güteklasse. Durchaus empfehlenswert, denn zum Haus gehört auch eine Taverne.
Agnánti: an der Durchgangsstraße, Tel. 2273-094 087, 2273-094 088, moderat.
3-stöckiges Hotelgebäude schon etwas außerhalb von Kámpos. Hübsche, neuere Zimmer mit Bad und Balkonen, teilweise Meer-, teilweise Bergblick. Beides hat seinen Reiz. Lauschiger Garten mit kleinen Palmen.
Villa Kámpos: an der Durchgangsstraße, Tel. 2273-094 570, teuer.
Auf der dem Berg zugewandten Seite der Durchgangsstraße, schon leicht am Hang gelegen. Optisch nett, ganz in Blau-weiß gehaltene

3-stöckige Anlage. Alle Zimmer mit Meeresblickbalkonen. 5 Min. zum Strand. Holländische Leitung.

Ágios Konstantínos
Aíolos: am kleinen Fischerhafen, Tel. 2273-094 021, tgl. ab 12 Uhr.
Familientaverne direkt an der Uferstraße. Serviert werden gute, garantiert frische Fischgerichte, denn der Besitzer fährt selbst mit seinem Kaíki zum Fischfang. Plätze direkt am Wasser, ortsübliche Preise.
Parádeisos: am Abzweig nach Manolátes, Tel. 2273-094 208, tgl. ab 12 Uhr.
Romantisches Plätzchen in einem großen Hof unter Platanen am Fluss. Spezialitäten sind mit Reis gefülltes Lamm und gratinierte Schweinerouladen. Jeden Samstag griechischer Abend mit Tanz.

Blickfang – die Weinpresse im Garten der Taverne Amphithéa in Kámpos

Kámpos
Amphithéa: am südwestlichen Ortsrand, etwas erhöht am Hang, Tel. 2273-094 374, tgl. ab 9 Uhr.
Nicht leicht zu finden ist die Taverne von Chrisoúla Kamnióti, die gut Deutsch spricht. Tische auf der Hochterrasse mit schönem Blick über die Ebene vom Kámpos Vourliotón. Sehr gute Gerichte vom offenen Holzkohlengrill, dazu der eigene Hauswein. Chrisoúla kocht für die Hausgäste nach Wunsch. Tipp: Werfen Sie einen Blick auf die Weinpresse im Garten.

Heaven Bar: an der Paralía, tgl. ab 16 Uhr.
Am Spätnachmittag Café-Bar für die Strandrückkehrer, abends konzentriert sich hier das Nachtleben von Ágios Konstantínos. Kaffee, Eis, Drinks und Cocktails.

Inselbusse: 2 Bushaltestellen an der Inselstraße. Alle Busse der Linie Sámos-Stadt – Karlóvassi via Kokkári halten hier. Je nach Saison: Mo–Fr 5–8 x tgl., Sa 3–5 x tgl., So nur während der Hauptsaison 1 x tgl.
Motorradverleih Coral: am westlichen Ortsrand, Tel. 2273-094 390.
Kóstas vermietet zuverlässige und günstige Maschinen von 50 bis 200 ccm. Bei Anruf bringt er die Zweiräder auch direkt zu Ihrem Hotel. 24-Std.-Pannenservice.

Ágios Nikólaos

Lage: E 2

Der kleine Küstenweiler ist in den letzten Jahren durch die touristische Infrastruktur sehr gewachsen. Früher gab es hier lediglich ein paar Fischerhütten. Allerdings setzt der Fels- und Kiesstrand dem Wachstum klare Grenzen. Dennoch, wer es etwas ruhiger liebt und die Kosten für ein Mietfahrzeug nicht scheut, mag sich hier wohl fühlen.

Der Strand bei Ágios Nikólaos besteht weitgehend aus grobem Kies und Felsen. Zudem wird das Wasser an der gesamten Nordküste auch in Strandnähe sehr schnell tief. Oft weht ein starker Nordwind, manchmal entstehen gefährliche Strömungen. Vorsicht beim Baden ist also angebracht!

Athená: an der östlichen Zufahrtsstraße, Tel. 2273-032 992, günstig.
Hoch über der Bucht gelegen mit schönem Blick hinunter zum Meer. Alle Zimmer hell möbliert, mit Bad und Balkon. Freundliche Vermieterfamilie.
Villa Éva: etwas oberhalb vom Strand, Tel./Fax 2273-030 020, ialublut@hol.gr, moderat.
6 Apartments für insgesamt 15 Personen. Vorzugsweise wird an Gruppen vermietet, die ihr eigenes Programm veranstalten können. Die Vermieter bieten tgl. Qi-Gong und Meditation an. Seminarraum vorhanden.
Violéta: direkt am Felsstrand, Tel. 2273-034 211, 2273-034 312, teuer.
Gehobene Anlage mit Pool im Vorgarten. Vermietet werden 16 relativ geräumige Studios mit neuer Küche und Meeresblickbalkon. Schöne Lage inmitten der ruhigen, kleinen Bucht.

Psarádes: s. Kasten.

›Psarádes‹

Gilt als die beste Fischtaverne der Insel. Chef Tákis und Schwiegersohn Níkos sind Fischer und holen den stets frischen Fisch eigenhändig aus dem Meer, während Mutter Iríni seit Jahren hervorragend kocht und Tochter Sophía serviert. Spezialitäten sind Shrimps-Saganáki, gebratene Muscheln in Zitronensauce und gefüllte Kalamari vom Grill. Herrliche Lage auf einer Hochterrasse am Meer mit bestem Blick auf den Sonnenuntergang. Nach dem Essen gibt's gratis ein Gläschen süßen Sámos-Wein von den eigenen Weinbergen der Familie. Am Hauptstrand von Ágios Nikólaos, Tel. 2273-032 489, tgl. ab 12 Uhr, April–Okt.

Inselbusse: Busse halten in beiden Orten. Es gilt der Fahrplan für die Linie Sámos/Stadt–Karlóvassi via Kokkári. Je nach Saison: Mo–Fr 5–8 x tgl., Sa 3–5 x tgl., So nur während der Hauptsaison 1 x tgl.

Bálos & Péfkos

Lage: E 6

Bálos und Péfkos bilden ein fast zusammenhängendes Strandgebiet zwischen Pírgos und Órmos Marathokámpou. Beide Siedlungen gleichen eher Küstenweilern. Noch vor ein paar Jahren standen hier nur Fischerhütten, heute versucht man, auch ein paar Touristen in die etwas abgelegeneren Dörfer zu locken. Zumindest während der Nebensaison ist Ruhe garantiert. Zwischen Bálos und Péfkos verläuft im Rücken der Bucht eine schmale Schotterpiste, mit Jeeps und Mofas ist sie problemlos zu schaffen, mit dem Kleinwagen sollte man es besser nicht versuchen. Hinunter nach Péfkos fehlen noch etwa 800 m Asphalt, die Straße ist aber mit dem Auto ohne weiteres zu befahren.

Die beiden Strände (oft auch **Órmos Kouméikon** genannt) sind sauber, aber nur wenig besucht, da der Untergrund aus mehr oder minder großen Kieselsteinen besteht. Sandstrandfans kommen hier nicht auf ihre Kosten. Dafür ist das Wasser sauber und klar. Nur mit dem seltenen Südwind wird Schmutz angespült.

Kouméika, Skouréika und Neochóri: Hinauf in die Dörfer Kouméika, Skouréika und Neochóri führen teils asphaltierte, teils geschotterte Pisten. Sehenswürdigkeiten gibt es hier keine, aber jeder Ort hat eine Platía. Ansonsten bieten die Orte enge Gassen und traditionelle Kafenía.

Bálos: am Strand von Bálos, Tel. 2273-031 680, günstig.
Kyriákos Triantafýllou bietet 5 DZ und 2 EZ direkt am Strand. Einfache Zimmer mit geräumigen Bädern. Das dunkle Mobiliar ist allerdings nicht mehr ganz taufrisch. Preise immer inkl. Frühstück in der angeschlossenen Taverne.

Amfílissos: Paralía Bálos, Tel. 2273-031 669, 2273-033 493, Fax 2273-031 668, moderat.
Déspina Tiganíti vermietet 16 sehr geräumige Zimmer mit hellen Holzmöbeln im Inselstil eingerichtet. Sauberes Bad, Klimaanlage, Sat-TV, Kühlschrank und Meerblick-Balkon in jedem Zimmer. Es gibt auch ein sehr exklusives Studio im Haus.

Bella Vista: am Péfkos-Strand, Tel./Fax 2273-031 730, 6974-069 713, moderat.
Thanásis Hatzinikoláou vermietet 4 sehr große Studios oberhalb seiner Taverne. Herausragend ist das riesige Studio direkt unter der Dachschräge mit einer schönen neuen Küche. Der Clou ist aber der Holzbalkon, der zur Bucht hin, über die darunter liegende Taverne gebaut wurde und der ebenso riesig wie das Zimmer ist. Die Familie bietet auch Studios ein Stück oberhalb der Bucht an.

Princess Tía: am Südende des Bálos-Strandes, Tel. 2273-031 666, Fax 2273-031 684, tia@princesstia.gr, moderat.
Neue 2-stöckige Studio-Anlage direkt am Strand. Riesige, weiß geflieste Zimmer mit moderner Küche. Auch die Bäder haben Übergrößen. Alle Zimmer verfügen über einen Balkon oder eine Veranda, die meisten mit Meerblick. Vor dem Haus eine hübsch begrünte Anlage mit Gartenbar. Sonnenschirmverleih.

Akrogiáli: Paralía Bálos, Tel. 2273-031 682, tgl. ab 9 Uhr.
Familientaverne am Strand, traditionelle griechische Küche. Spezialitäten sind Kichererbsen- und Zucchinikefthédes, Lamm- und Ziegenfleisch vom Drehspieß, Souvláki und Biftéki. Günstig.

Bella Vista: Adresse s. Hotels, tgl. ab 9 Uhr.
Treffender könnte der Name der Taverne nicht sein. Das terrassenartig angelegte Ambiente bietet einen fantastischen Meerblick und gute Küche. Soúla, die Tochter der freundlichen Inhaberfamilie, spricht gut Englisch.
Péfkos: am Péfkos-Strand, Tel. 2273-037 735, tgl. ab 9 Uhr.
Auf mehreren Terrassen wunderschön in den Hang hineingebaute und mit Strohmatten überdachte Taverne. Meerblick von allen Tischen und gutes Essen. Schnelle Bedienung!
Stélla-Kypriakós: am Strand von Bálos, wo der Fluss ins Meer mündet, Tel. 2273-031 679, tgl. ab 9 Uhr.
Der freundlich-kauzige Níkos und seine Frau Stélla Antoníou bieten in ihrer Gartentaverne exzellente zypriotische Küche. Probieren Sie das Ziegenfleisch und das Kléftiko aus dem sehenswerten Holzkohle-Backofen im Garten. Das Gemüse stammt weitgehend aus eigenem Anbau, auch das Brot wird selbst gemacht. Leckerer Käse nach zypriotischer Art.

Keine öffentliche Busverbindung.

Chóra

Lage: H 5/6
Einwohner: ca. 1200

Chóra zieht seine Bedeutung weniger aus seiner Schönheit als aus seiner Geschichte. Der kleine, unscheinbare Ort war von 1560 bis 1834 Hauptstadt von Sámos. Ein paar alte Wohnhäuser mit Erkern erinnern noch an diese Zeit, ansonsten dominieren eher unansehnliche Neubauten. Zimmer werden in Chóra nicht angeboten, die Tavernen spekulieren auf Tagestouristen.

Moní Timíou Stavroú: tgl. 9–12 und 17 Uhr–Sonnenuntergang.
Die schmale, kurvenreiche Straße Richtung Koumaradéi führt am Kloster Timíou Stavroú fast direkt vorbei (Abzweig Richtung Mavratzéi nehmen). Sehenswert ist die dreischiffige **Kuppelbasilika** mit einer geschnitzten Altarwand und einem Triptychon aus dem 17. Jh. im Altarraum. Leider sind die Fresken der Gründungszeit (spätes 16. Jh.) fast vollständig verwittert. Im sehenswerten Kloster wird auch ein Souvenirshop betrieben.

Antónis: Platía Misakí, Tel. 2273-091 043, tgl. ab 11 Uhr.
Traditionsreiche, schon über 100 Jahre alte Tavérna. Chefin Iríni kocht hervorragende griechische Landküche, Spezialitäten sind gekochte Gerichte und die frittierten Käsebällchen.
Synántisi: an der Hauptstraße, Tel. 2273-091 787, tgl. ab 8 Uhr, ganzjährig offen.
Auf einer Terrasse mit weinüberranktem Dach. Spezialität sind die selbstgemachten Pizzen und Vorspeisen der traditionellen griechischen Küche, z. B. *tsigaristó* (Schweinefleisch mit Zwiebeln). Auch gutes Angebot an vegetarischen Gerichten. Bring-Service ins Hotel.

Inselbusse: Haltestelle an der Durchgangsstraße. Chóra wird von der Rundlinie Sámos-Stadt – Pythagório – Chóra – Mytiliní – Sámos-Stadt bedient. Je

nach Saison: Mo–Fr 6–10 x tgl., Sa 4–6 x tgl., So nur während der Hauptsaison 1 x tgl. Jeweils Mo–Fr 1–2 x tgl. gibt es auch Verbindungen nach Karlóvassi, Votsalákia und bis Drakéi.
Taxistation an der Platía, Tel. 2273-091 700.

Iréo

Lage: H 7
Einwohner: ca. 280
Extra-Tour 1: S. 84/85
Iréo (auch Iréon oder Iraíon) ist ein junger Ort, der erst in den letzten Jahren aus einer Fischersiedlung heraus gewachsen ist. Die neueren Straßen wurden in Quadraten angelegt, ansonsten wirkt alles noch unfertig und improvisiert. Vielleicht zieht der Ort aber gerade deshalb eher jüngeres Publikum an. Es gibt eine schöne, große Platía an der Hauptstraße und eine autofreie Uferpromenade, die recht ansehnlich gepflastert wurde. Während in der Nebensaison das Leben im Ort noch gemächlich vonstatten geht, kehrt im Hochsommer an der Paralía schon beachtlicher Trubel ein.

Heraíon: kurz vor dem Ort Iréo auf der linken Straßenseite, Di–So 8–14.30 Uhr, Eintritt 3 €, ermäßigt 2 €.
Das Heiligtum war in der Antike eines der wichtigsten panhellenischen Verehrungstätten der Göttermutter Hera. Jedoch ist das Gelände im Laufe der Jahrhunderte mehrfach verwüstet und die ehemaligen Prachtbauten sind weitgehend zerstört worden. So ragt nun noch eine einzige Säule von knapp 8 m Höhe in den Himmel, ansonsten sind nur kleinere Mauern und Fundamente erhalten (s. auch Extra-Tour 1, S. 84/85).

Der ortsnahe Strand ist ein unattraktiver Stein- und Kies-Beach. Einige Tavernenbesitzer vermieten Sonnenschirme und Liegestühle. Südlich und östlich des Ortes gibt es zahlreiche kleine **Kieselsteinbuchten,** die selbst im Hochsommer meist menschenleer sind. Dazwischen liegen immer wieder große Felsplatten, die ideal zum Sonnenbaden sind. Das Wasser ist klar und sauber.

Eleána: nahe der Hauptstraße im Ort, Tel. 2273-095 278, 2273-027 178, günstig.
Neue Studios mit moderner Einrichtung in einem hübsch begrünten Haus. Alle Zimmer mit Balkon und neuer Küche; saubere Bäder.
Pigí: im westl. Ortsbereich, ca. 150 m von der Platía und 40 m vom Strand, Tel. 2273-095 309, Fax 2273-095 496, günstig.
Gemütliche Familienpension in ruhiger Umgebung. Níkos Mathíos vermietet 20 geräumige, schlichte Zimmer mit Bad, Balkon, Marmorböden und neuem Mobiliar. Kontinentales Frühstück.
Ireon Beach: in der 4. Reihe hinter dem Strand, Tel. 2273-095 326, Fax 2273-095 248, moderat.
Das 3-stöckige Hotel wirkt von außen eher abweisend, wird aber von einer freundlichen Familie geführt. Große neue Zimmer mit Bad, Balkon, Telefon und Klimaanlage. Besonders schöne Zimmer oben im 3. Stock. Preis inkl. Frühstück, gutes Preis-Leistungs-Verhältnis.
Níki: in der 2. Reihe hinter dem Strand, Tel. 2273-095 336, teuer.
Neu errichtetes Haus, zu erkennen an den Fensterläden in Altrosa. Modernes Ambiente, geräumige Zimmer mit Balkon.

Zum Greifen nah – die Türkei mit dem Samsun Dağ-Nationalpark

Aegéon Márkos: Paralía westl. der Platía, Tel. 2273-095 271, tgl. 9–1 Uhr.
Essen mit Meeresrauschen. Auf der gemütlichen Hochterrasse direkt am Kai werden leckere Fische aus den Gewässern um Sámos serviert. Außerdem sehr gute gefüllte Ziege, Lammgerichte vom Grill und aus dem Holzofen. Reichhaltiges Frühstück. Die Chefin ist Deutsche.

Akrogiáli: an der Platía, Tel. 2273-095 361, tgl. 8–1 Uhr.
Von der Familie Lábros Parisákis in netter Atmosphäre geführte Fischtaverne und Restaurant auf einer Terrasse direkt am Wasser. Griechische Küche, besonders gute Gerichte vom Holzkohlengrill, lecker auch die gekochten Muscheln. Saubere Küche, schneller Service.

La Luna: an der Uferstraße, Tel. 2273-095 290, tgl. 9–2 Uhr.
Crêperie, Eisdiele und Café-Bar, seit 5 Jahren von einem freundlichen jungen Paar geführt. Morgens Frühstück, tagsüber erfrischendes Eis und nachts hochprozentige Drinks. Beliebt und gut.

Réna: an der Uferstraße, Tel. 2273-095 424, tgl. ab 10 Uhr.
Unter weinüberranktem Dach sitzt man direkt am Meer, auch hier mit herrlicher Aussicht. Es gibt immer frische Fischspezialitäten, denn das Restaurant verfügt über ein eigenes Fischerboot.

Alle Läden liegen zwischen Hauptstraße und Strand.

Ángela: Lederwaren und Damenmode.

Photo Center: Fotoentwicklung im Stundenservice (nur Bilder, keine Dias). Keine Reparaturen.

Ránia: Souvenirs, Kleidung, CDs.

Sáma: Strandmode und feinere Klamotten.

Vorsicht: Zufahrt über eine sehr schmale Brücke: Auf Gegenverkehr achten!

Inselbusse: Bushaltestelle an der Platía am Ortseingang. Von und nach Sámos-Stadt je nach Saison Mo–Fr 2–5 x tgl., Sa und So, im Hochsommer 2 x tgl.

Mietfahrzeuge: Nicos Rentals, 2. Parallelstraße zur Paralía in Höhe der Taxistation, Tel. 2273-095 281, 2273-061 094, Mob. 6974-840060.
Autos, Zweiräder und Mountainbikes aller Klassen, gute Vollkaskoversicherung und ehrliche Prei-

se. Zuverlässige deutschsprachige Mitarbeiter, Bring-Service zum Hotel. Chef Sandy Nieuwenhof stammt aus Holland.

Karlóvassi

Lage: C/D 3
Einwohner: ca. 5500
Extra-Tour 3: S. 88/89

Karlóvassi – das ist eher eine Liebe auf den zweiten Blick. Die Stadt besteht aus fünf Teilen, die sich über eine große, ebene Fläche hinter der Küste verteilen. Durch die Weitläufigkeit fehlt ein eigentlicher Stadtkern, und es mag vielleicht deshalb keine rechte Atmosphäre aufkommen. Das Treiben in der Stadt ist hektisch, der Rolle Karlóvassis für die Insulaner – der einer Einkaufsstadt – durchaus angemessen. Denn Karlóvassi ist die Wirtschaftsmetropole der Insel, die sich den Glanz der einstigen blühenden Hafenstadt auf diese Weise bis heute bewahren konnte. Leider gehören auch zahlreiche Industrieruinen, insbesondere ausgediente und halb verfallene Lagerhallen, zum Stadtbild. Sie verschandeln vor allem in Néo und Limáni Karlóvassi die Straßenzüge.

Wer die Stadt der langen Wege zu Fuß erkunden will, muss eine gute Kondition haben. Beliebte Alternative dazu ist das Zweirad. Am schönsten ist sicherlich der älteste Ortsteil **Paléo Karlóvassi,** der im 17. Jh. auf einem Hügel südlich des Hafens errichtet wurde. Über Paléo thront majestätisch die von weitem sichtbare Kirche Agía Triáda. **Limáni** heißt das Hafenviertel, wo viele Unterkünfte zu finden sind. Die großen Autofähren über die Kykladen nach Piräus legen im kleinen Hafen der Stadt an. Zudem hat man in den letzten Jahren einige Anstrengungen unternommen, die Paralía und den bescheidenen Strand aufzupolieren.

Das Zentrum der Stadt heißt **Néo Karlóvassi,** wo die Straßen von Kokkári und aus dem Inselsüden zusammentreffen. Hier liegen auch die große Bischofskirche, der Busbahnhof und die erwähnten Geschäfte für das griechische Alltagsleben. Dadurch wirkt Néo deutlich lebendiger als die verbleibenden Viertel **Meséo** und **Órmos Karlóvassi,** die mit alten Wohnhäusern, Bäckereien und kleinen Supermärkten wie eigenständige Dörfer anmuten.

Wer sich hier die Mühe macht, ins Detail zu gehen, entdeckt viele interessante und freundliche Seiten und kommt wieder – Liebe auf den zweiten Blick eben.

E.O.S.-Weinkellerei: Limáni, 103 Kanári, Tel. 2273-027 458, 2273-027 381, tgl. 10–15 Uhr.
Kein klassisches Sightseeing-Ziel, aber es lohnt sich! Die Weinkellerei versteckt sich etwas zwischen den Gebäuden an der Paralía. Sie liegt leicht zurückgezogen und ist an den beiden Weinfässern im Vorgarten zu erkennen. Im Aug. und Sept. ist Erntesaison, und wer dann in Karlóvassi ist, kann die Kellerei besichtigen, in den restlichen Monaten nur die Abfüllanlage. Zwei freundliche Angestellte schenken gerne ein Schlückchen süßen Wein im Probierkeller aus (s. auch Extra-Tour 3, S. 88/89).

Kirche Eisódia tís Theotókou: Meséo, unregelmäßige Öffnungszeiten.
Das nach der Bischofskirche (s. u.) bedeutendste Gotteshaus der

Vom Glanz einer ehemals blühenden Hafenstadt – Karlóvassi

Stadt wurde auch erst im 19. Jh. errichtet. Eindrucksvoll ist vor allem die klassizistische Altarwand aus Marmor mit vier großen Silberikonen. Die Namensikone der Kirche ist die zweite von links.

Kirche Kímissi tís Theotókou: Néo, unregelmäßige Öffnungszeiten.

Die größte und auffälligste Kirche von Karlóvassi ist auch gleichzeitig die Bischofskirche. Sie stammt aus dem Jahr 1898 und ist damit relativ jungen Datums. Im Innern des prunkvollen Gebäudes befinden sich der Bischofsstuhl und der Thron, den die Fürsten des autonomen Sámos bis 1912 bekleideten.

Kirche Panagía toú Potamíou: Potámi, immer geöffnet.

Die auch unter dem Namen Metamórphosis toú Sotírou bekannte Kirche ist vom Strand in Potámi aus beschildert. Am Ende des nur etwa 200 m langen Zuwegs duckt sich die Kirche unscheinbar unter die dichten Bäume des Flusstals. Das heutige Kreuzkuppelgebäude mit den Säulen stammt aus dem 11. Jh., doch die Fundamente und die Kapitelle reichen bis ins 6. Jh. zurück. Eine der ältesten heiligen Stätten der Insel!

Volkskundemuseum: Néo, Ecke Ioánnou/Irodótou, Mo–Fr 10–13 Uhr, Eintritt frei.

Kleines Museum gegenüber dem ehemaligen Regierungspalazzo aus dem 19. Jh. Die Sammlung umfasst nicht viele Stücke, sehenswert sind die Trachten, Stickereien, Webarbeiten und Dokumente sowie Fotografien. Zudem sind noch allerlei Gebrauchs- und Schmuckgegenstände aus der Zeit vor dem Zweiten Weltkrieg ausgestellt.

Der Stadtstrand vor den großen Hotels in **Limáni Karlóvassi** ist unattraktiv, steinig und durch die viel befahrene Küstenstraße im Rücken auch ziemlich laut. Besser, obwohl auch überwiegend aus Kies, ist der Strand im knapp 2 km entfernten **Potámi.** Immerhin gibt es hier ein paar Stellen mit Sand, einige Tavernen und Strandcafés, die für Abwechslung sorgen. Sonnenschirmverleih vorhanden.

2 Hotels verfügen über **Tennisplätze,** die aber nur den Gästen zur Verfügung stehen (Samaína Inn, Tel. 2273-030 401; Anéma, Tel. 2273-030 500). Wer im Samaína Inn absteigt, kann dort zudem eine **Tischtennisplatte** und einen kleinen **Turnraum** nutzen. Ansonsten werden nur die üblichen **Wassersportmöglichkeiten** am Stadtstrand und im nahe gelegenen Potámi angeboten.

Kastanéa: Dieser Ort war Schauplatz eines traurigen Ereignisses der jüngeren Geschichte: Italienische Soldaten verübten hier während des Zweiten Weltkriegs ein Massaker. Jährlich am 30. Aug. wird der Ermordeten gedacht. Heute zeigt sich der Ort eher von einer fast verschlafenen Seite. Eine lange Gasse führt vom Parkplatz mit dem öffentlichen Waschhaus auf die Platía ins autofreie Dorfzentrum (s. Extra-Tour 3, S. 88/89).

Léka: Einen Abstecher wert ist das kleine Dorf oberhalb von Karlóvassi: Die riesige Aussichtsterrasse bietet einen herrlichen Blick. Am Dorfplatz gibt es einen urigen Kiosk und die Snack-Bar **Drosiá.** Weiter oben im Ort befinden sich einige kleine Läden, wo man auch etwas trinken kann *(pantopolíon),* und neben der Kirche Timíou Prodrómou die Taverne **Panórama** (Tel. 2273-034 216, s. Extra-Tour 3, S. 88/89).

Nikoloúdes und Kosmadéi: Über Nikoloúdes (gute Taverne **Chrissí Kardiá,** man spricht Deutsch) schlängelt sich eine Stichstraße hinauf nach Kosmadéi, durch wunderschöne Pinienwälder hindurch. Der herrlich ruhige Weiler inmitten grüner Berghänge bietet im Grunde nur zwei Mini-Tavernen (Kafeníon **To Stéki** am Parkplatz sowie ein Stück weiter der Coffee Shop **Kerketeús)** und gute Sicht auf das Gebirgsmassiv **Kérkis.** Gelegentlich kann man in der Köhlerei kurz vor dem Ortseingang dem Köhler bei seinem mittlerweile seltenen Handwerk zusehen.

Ydroúsa: Die gut 5 km lange Zufahrt zu dem kleinen Dorf zweigt unmittelbar östlich von Karlóvassi von der Inselstraße ab. Am unteren Ortsrand liegt ein kleiner Parkplatz. Von hier aus gelangt man zu Fuß auf den kleinen Dorfplatz mit einem Trinkwasserbrunnen und der Kirche Ágios Athanásios. Ansonsten gibt es in dem verschlafenen Bergdorf nur noch das Kafeníon **Valsamídou,** und einige hübsche Gassen zum Schlendern.

GA: Limáni, 167 Kanári, Tel. 2273-032 320.
Schiffsauskünfte und Niederlassung der Gesellschaft GA.

Ship Travel: Limáni, 40 Kanári Tel. 2273-035 252, Fax 2273-035 220.
Tickets für alle Schiffe von Karlóvassi.

Soútos: Limáni, 153 Kanári, Tel. 2273-030 006, 2273-032 326, Fax 2273-030 881, E-Mail: soutos@sam.forthnet.gr.
Eines der Reisebüros an der Küstenstraße. Freundlicher Service und fundierte Informationen über Karlóvassi und Umgebung. Tickets, Zimmervermittlung, Ausflüge, Olympic-Airways-Vertretung.

Astír: Meséo, Tel. 2273-033 150, Fax 2273-034 074, günstig.

Ein naturbelassenes Idyll – am Strand von Potámi

Knapp 1 km westlich vom Anleger liegt das Astír durchaus ruhig, aber auch etwas versteckt. Besser anrufen und sich abholen lassen. Die freundliche Argiró Kosmídou vermietet 27 schlichte, saubere Zimmer, alle mit Bad, Balkon und Telefon. Familiäre Atmosphäre. Gutes Preis-Leistungs-Verhältnis.

Amanda: Néo, 36 Them. Sofoúli, Tel. 2273-035 230, 2273-035 231, Fax 2273-033 454, ganzjährig offen, moderat.
Die hervorragend Deutsch sprechenden Eigentümer vermieten 24 geräumige Zimmer mit Marmorböden, moderner Einrichtung, Telefon, Radio, deutschem Sat-TV, Deckenventilatoren und Heizung im Winter. Saubere, hell geflieste Bäder. Bar an der Rezeption. 400 m zum Strand.

Merópe: Néo, Agíou Nikoláou, neben dem Postamt (etwa 1,5 km vom Hafen), Tel. 2273-032 510, Fax 2273-032 652, moderat.
5-stöckiger, blauer Kasten, schon von weitem zu sehen. Der griechische 70er-Jahre-Stil prägt das Ambiente. Alle Zimmer mit Bad, Balkon, Heizung und Telefon. Bar, Restaurant und Pool vorhanden. Preis-Leistungs-Verhältnis o.k., daher bei Wandergruppen beliebt.

Potámi Studios: Potámi, an der Zufahrtsstraße nach Potámi, Tel. 2273-032 693, moderat.
Die gut Englisch sprechende Stavroúla vermietet 9 Studios in ruhiger Lage östlich des Potámi-Strandes. Hübsche Raumaufteilung, relativ neue Küchen, Bäder sauber. Schöner Blick auf die Küste und die vorbeifahrenden Schiffe.

Anéma: Limáni, 83 Kanári, Tel. 2273-030 500, Fax 2273-030 506, anema@sam.forthnet.gr, teuer.
Der Komplex liegt von der Küstenstraße etwas nach hinten versetzt. Vermietet werden 56 geräumige Studios mit neuer, geschmackvoller Einrichtung aus dunklem Holz. Kleine Küche, Bäder ebenfalls gehobenes Niveau. Alle Studios mit Balkon, Klimaanlage, Radio und Telefon. Hoteleigener Swimmingpool und Tennisplatz, Restaurant vorhanden. Eine größere Anlage, die dennoch einen angenehmen Eindruck macht.

Erató: Limáni, Kanári, Tel. 2273-034 600, 2273-035 370, Fax 2273-035 180, teuer.

Mehrstöckiges Hotel neueren Datums. 36 durchaus komfortable Zimmer mit Bad, Balkon, Klimaanlage, Radio und Telefon. Etwas nüchterner Frühstücksraum im Erdgeschoss, dafür ein Garten hinter der Anlage und ein wunderschöner Dachgarten mit herrlichem Ausblick auf den Hafen.

Samaína Inn: Limáni, 87 Kanári, Tel. 2273-030 401, Fax 2273-034 471, samaina@galaxynet.gr, teuer.

Das erste Haus am Platz und sicherlich das beste der Samaína-Gruppe (insgesamt 4 Hotelanlagen). Die Zimmer der über mehrere Häuser verteilten Anlage sind modern eingerichtet und gut ausgestattet, alle mit Balkon und Mini-Bar, auch gibt es Maisonette-Studios und 5 Suiten. Pool mit integriertem Kinderbecken, Spielplatz, Tennisplatz, Tischtennisplatte, Gymnastikraum, Konferenzzimmer und Parkplatz im Hotel. Angeschlossenes **Beach Front Café** am Strand gegenüber.

Astéras: 1 km außerhalb an der Straße nach Léka, Tel. 2273-033 668.

In wunderschöner, ruhiger Hangaussichtslage hoch über der Stadt liegt der Sonnenbalkon des Astéras. Fantastischer Blick über Stadt und Hafen. Solide griechische Küche mit guten Fleischgerichten vom Grill und aus der Kasserolle. Parkplatz vorm Haus, keine Busverbindung.

Bússolas: Limáni, direkt am Schiffsanleger, tgl. ab 9 Uhr.

Taverne und Café-Bar mit Hafenblick. Jeden Tag verschiedene 3-Gänge-Menüs, vorwiegend Fischspezialitäten, Shrimps und Lobster, aber auch gute Fleischgerichte, Lamm und Hühnchen. Breite Vorspeisenauswahl, spätabends kommt man gerne zum Drink.

Café del Mundo: Potámi, Tel. 2273-035 801, tgl. ab 9 Uhr.

Auffallender, ganz in Orange und Beige gehaltener Bau auf einer Hochterrasse neben der Straße. Man sitzt nett unter Palmen, Ölbäumen und Strohmattenschirmen. Griechische Popmusik im Hintergrund.

Café Royal: Limáni, an der Hafenplatía, tgl. ab 9 Uhr, ganzjährig offen.

Großes Café mit Internet-Access. Plätze draußen und im Innenraum. Neben Kaffee, Drinks und Cocktails gibt es auch Eis, Sandwiches und Toasts. Internationale Popmusik.

El Greco: Limáni, 129 Kanári, Tel. 2273-030 666, tgl. ab 11 Uhr.

Auf der ganzen Insel bekannt für seine leckeren Pizzen italienischer Art mit griechischen Zutaten. Außerdem zahlreiche Fisch- und Fleischspezialitäten der einheimischen Küche. Alles aus dem Holzofen oder vom Grill. Saubere Küche und hohe Qualität.

New Port: Limáni, zwischen Odós Kanári und dem Meer, Tel. 2273-035 977, tgl. ab 12 Uhr, ganzjährig offen.

Plätze im hübsch gestalteten Innenraum und auf der Terrasse am Strand. Es gibt die Spezialitäten der griechischen Grillküche, besonders gutes Lamm- und Hühnchenfleisch sowie eine gute Auswahl an Fisch. Freundlicher Service, angemessene Preise.

Paléo: Paléo, an der Platía, Tel. 2273-035 701, tgl. ab 10 Uhr.

Im höher gelegenen alten Stadtteil gibt es nur die authentische Taverne von Kóstas. Er serviert typisch griechische Landküche, einfach und schlicht. Tische unter schattigen Bäumen auf der Platía. Preiswert.

Platía: s. Kasten S. 41.

To Kyma: Limáni, Ecke 39 Kanári/ 8 Maíou, Tel. 2273-034 017, Mo–Sa ab 11, So ab 18 Uhr.
Mezedopolío auf einer kleinen Terrasse an der Straße. Blau-weißes Ambiente mit den typischen Wackelstühlen im alten Stil, draußen hängen Oktopusse zum Trocknen auf der Leine. Mezés, Oúzo, Wein und Bier.

Drosinós: Néo, Ecke Gorgyrás/Vliámou, Tel. 2273-035 047.
Fast direkt am Busbahnhof von Néo Karlóvassi. Schmuck in den oberen Preisklassen, Uhren, Spiegel und Ikonen.

E.O.S.-Weinkellerei: Limáni, 103 Kanári, Tel. 2273-032 662, 2273-030 980, tgl. 8–15 Uhr.
Gleich an dem mit der Aufschrift CAVA markierten Eingang befindet sich der Supermarkt der Winzergenossenschaft (s. auch S. 36). Hier gibt es eine satte Auswahl fast aller samiotischen Weine, von megasüß bis zu trockenen Tropfen. Probieren kann man Sámos-Weine übrigens in der Kellerei nebenan (s. Extra-Tour 3, S. 88/89).

IXO: Néo Karlóvassi, Nikoláou Vliámou, Tel. 2273-034 104.
Die freundliche Nektaría Orphanoú verkauft CDs, LPs und MCs vorwiegend griechischer Interpreten sowie DVDs, Video-Games, Kinderspielzeug und Saisonartikel.

Karakoúdas: Órmos, Soufoúli.
Das mit Abstand größte Geschäft für Lederwaren liegt schon etwas außerhalb von Karlóvassi an der Küstenstraße Richtung Kokkári. Die Auswahl an Taschen aus eigener Werkstatt ist enorm.

Mariánthe: Néo, Nikoláou Vliámou, Tel. 2273-032 511.
Damen-Boutique an der Straße zum Busbahnhof. Schicke Damenkleidung, ziemlich teuer.

Neu
Taverne ›Platía‹

Die beliebteste der drei Tavernen an der Platía in Meséo Karlóvassi. Leckeres vom Herd und aus dem Ofen, sehr große Vorspeisenauswahl und Spezialitäten aus verschiedenen Regionen Griechenlands. Besonders zu empfehlen ist Lamm in Oregano-Sauce. Hübscher Innenraum mit Kamin. 2 x die Woche Livemusik. Meséo, an der Platía, Tel. 2273-034 600, tgl. ab 9 Uhr, Winter ab 11 Uhr.

Vathióthou: Néo, Lykoúrgou Logothéti, Tel. 2273-034 133.
An der Straße Richtung Marathókampos liegt die Werkstatt von Stamatía Vadióti. Ihr mit modernen und klassischen Tonwaren vollgestopfter Laden ist seit 1922 in Familienhand.

Cine Sámos: Limáni, Kanári, schräg gegenüber vom El Greco, im Hochsommer tgl. ab 21 Uhr.
Open-Air-Kino fast direkt am Hafen. Englische Filme und griechische Streifen mit englischen Untertiteln laufen nur während der Hochsaison. Achten Sie auf die Ankündigungsplakate.

Éxodos: Limáni, Kanári, Tel. 2273-035 007, im Hochsommer tgl. ab 22 Uhr, Eintritt 6 €.
Disco in einem schönen alten Natursteinhaus direkt am Meer und (aus gutem Grund) etwas außerhalb von Limáni Karlóvassi. Der In-

nenhof dient als Open-Air-Tanzfläche, aber auch innen herrscht ausgelassene Stimmung.

On the rocks: Limáni, Kanári, tgl. ab 9 Uhr, nachts selten vor 2 Uhr geschlossen.
Hübsch gestaltetes Freiluftcafé auf mehreren Ebenen. Obwohl schon zur Frühstückszeit geöffnet, eher nachts beliebt. Englische und griechische Pop-Musik dröhnt den ganzen Tag in voller Lautstärke.

Sámos Parádiso: Potámi, am Strand, Tel. 2273-038 088, tgl. ab 9 Uhr.
Café, Snack-Bar und Club in toller Lage direkt am Meer. Tagsüber entspannend Kaffee und kühle Drinks genießen, zum Sonnenuntergang einen Cocktail schlürfen und nachts bei Mondschein open air zu internationaler Popmusik tanzen. Immer gute Stimmung und freundlicher Boss Sákis.

Ostern: große Osterfeier an der Kirche in Paléo Karlóvassi. In der Osternacht wird eine Strohpuppe, die den Judas darstellen soll, verbrannt.

Panagía: Mariä Himmelfahrt ist nach Ostern das wichtigste Fest in Karlóvassi. Gefeiert wird am 15. Aug. in Néo und in Limáni am Hafen.

Inselbusse: Der Busbahnhof von Karlóvassi liegt im Stadtteil Néo an der Platía Valaskátsi und damit gut 2 km vom Hafen entfernt. Wer mit dem Schiff ankommt oder von Karlóvassi aus weiter will, muss notgedrungen zu Fuß gehen oder mit dem Taxi fahren. Je nach Saison Verbindungen über Kokkári nach Sámos-Stadt: Mo–Fr 5–8 x tgl., Sa 3–5 x tgl., So nur während der Hauptsaison 1 x tgl., seltener auch über den Inselsüden (Pírgos/Pythagório) nach Sámos-Stadt Mo–Fr 1–2 x tgl., Sa, So keine Busverbindung.

Fähren: Karlóvassi verfügt über einen kleinen Verkehrshafen, in dem die Autofähren auf der Linie Sámos-Stadt – Kykladen – Piräus kurz stoppen. Dazu kommen diverse Kleinfähren, die von Chíos, Foúrni und Ikaría via Karlóvassi nach Sámos-Stadt fahren. So gibt es je nach Saison 2–4 Seeverbindungen zwischen Karlóvassi und Sámos-Stadt. Die meisten Abfahrten Richtung Sámos-Stadt sind morgens zwischen 6 und 8 Uhr. Fahrtzeit ca. 75 Min., Preis ca. 4 €.

Mietfahrzeuge: Autoclub, Limáni, Kanári, Tel. 2273-035 076, 2273-034 192, Fax 2273-035 076, info@rhenia.gr.
50–500-ccm-Bikes und Autos vom Kleinwagen bis zum Jeep. Vollkaskoversicherung und Straßenservice überall auf der Insel. Rabatte ab mehreren Tagen Mietdauer. Deutschsprachige Mitarbeiter.

Taxi: Taxistandplätze am Busbahnhof und an der Uferstraße, Tel. 2273-030 777.

Kérveli

Lage: L 5/6

Kleinere Bucht an der Ostküste, die vor allem von Tagesausflüglern lebt. Wer für längere Zeit die Ruhe liebt, findet hier auch passende Unterkunft. Die Landschaft ringsum ist noch sehr unberührt, sogar die Landwirtschaft ist hier rückläufig. Längst nicht mehr überall wird etwas angebaut.

Schmaler **Kiesstrand,** mit Schatten spendenden Tamarisken gesäumt. Das Wasser ist sauber, klar und bleibt lange flach.

Sunwaves: am Strand, Tel./Fax 2273-024 980, moderat.
Angeboten werden 10 Apartments mit je 2 Zimmern der guten Mittelklasse. Küche und Bäder im Rahmen, geräumig und mit hellen Möbeln relativ neu eingerichtet.
Kérveli Village: oberhalb des Strands an der Zufahrtsstraße, Tel./Fax 2273-023 006, Tel. 2273-023 631, www.kerveli-village.gr, teuer.
Für einen ruhigen Urlaub. An der abgeschiedenen Bucht werden 51 freundlich und hell eingerichtete Zimmer mit Klimaanlage, Radio, Telefon und Balkonen (fast alle mit Meeresblick) vermietet. Fürs gehobene Publikum gibt es 11 größere und komfortable Studios. 3 x tgl. Shuttle-Bus nach Vathí, Autovermietung, Pool, Tennisplatz und 1 x die Woche griechischer Abend.

Sea and Dolphin: am Strand, Tel. 2273-023 837, tgl. ab 9 Uhr.
Die sehr gut Deutsch sprechende Katerína Andréou kocht traditionelle samiotische Gerichte: gefülltes Lamm, Kléftiko, Stifádo und frischen Fisch. Ruhige und schattige Plätze direkt am Meer, auch abends gut besucht. Preiswert.

Keine öffentliche Busverbindung.

Kokkári

Lage: H 3
Einwohner: ca. 1200
Extra-Tour 4: S. 90/91

Kokkári ist sicherlich die angenehmste der größeren Touristenhochburgen auf Sámos. Gegründet wurde der Ort erst Mitte des 19. Jh. und beschränkte sich damals auf ein paar Häuser an der vorgelagerten Felsnase. Erst mit dem Beginn des internationalen Fremdenverkehrs wuchs Kokkári den Hang im Osten hinauf und dehnte sich nach hinten in die fruchtbare Ebene aus. Dennoch hat sich der Ort seinen intimen, ursprünglichen Charakter bewahrt.

Kokkári gehört zum wasserreichen und damit sehr grünen Gebiet um das **Ámpelos-Gebirge.** Zwei Gipfel bestimmen das Landschaftsbild hinter der Küste: der 1153 m hohe Profítis Ilías Karvoúnis und der 1039 m hohe Lázaros, den man von Kokkári aus erwandern kann. Leider hat das Großfeuer im Juli 2000 deutliche Spuren hinterlassen.

Im Ort selbst steht die große Kirche Ágios Nikólaos direkt an der Hauptstraße. Hier hält der Bus von Sámos-Stadt zum ersten Mal, und von hier gelangt man durch die gegenüberliegende Gasse in das heutige Zentrum. Eine Fußgängerzone im Mini-Format mit Tischen, Stühlen und Auslagen der Geschäfte misst nur wenige Meter, bevor man auf einen kleinen Platz trifft. Dahinter beginnt die Uferpromenade, auch nicht viel größer und dicht mit Tavernen und Café-Bars besiedelt. Die alten Häuser in Kokkári sind traditionell klein gebaut, passend zu den engen Gassen im älteren Dorfteil.

Östlich des Ortes liegt ein schmaler kleiner Kiesstrand hinter der zweiten Felsnase. Hier geht es deutlich ruhiger zu als auf der Seite westlich der Paralía. Sinnigerweise wird das lange Sand-/Kiesstück **Long Beach** genannt. Hier hat sich eine Surfschule angesiedelt, auch werden Sonnenschirme und Liegen vermietet. Leider ist die Küstenlinie um Kokkári im Sommer den häufigen, kräftigen Nordwinden erbarmungslos ausgeliefert. Zunächst folgt etwa 1,5 km von Kokkári der **Lemonákia Beach.** Er liegt genauso tief unterhalb der Inselstraße wie der **Tsamadoú Beach,** der sich nochmals ein paar hundert Meter weiter befindet und wo man auch hüllenlos baden darf. Umgeben sind sie von Weinfeldern und dicht bewachsenen Hängen. Schon während der Nebensaison sind sie gut besucht, im Hochsommer herrscht drangvolle Enge. An beiden Buchten gibt es Tavernen, Bars, Sonnenschirmverleiher und eine Bushaltestelle an der Straße.

Kokkári Surf & Bike Center: am Westende des Dorfstrands, Tel. 2273-092 447, Fax 2273-092 762, geosak@otenet .gr, tgl. ab 9.30 Uhr, Mai–Okt.
Geórgios Sakantáris und seine deutsche Frau Alexandra verleihen neue **F-2-Surfbretter** für 15 €/ Std., 35 €/Tag oder 170 €/ Woche. Neben dem Verleih wird auch eine **Surfschule** betrieben. Bei einem deutschen Surflehrer kann man das internationale Surfdiplom erwerben. Die Schule ist vom VDWS anerkannt und vergibt die entsprechenden Zertifikate. 10 Std. mit Privatlehrer kosten 150 €. Außerdem werden **Mountainbikes** für 10 €/Tag oder 60 €/ Woche und Sea Kayaks für 9 €/ Std., 26 €/Tag oder 140 €/Woche verliehen.

EOT-Büro: an der Hauptstraße, in der Nähe der Hauptkirche, Tel. 2273-092 333, Mo–Sa 9–13 Uhr, Mo, Mi, Fr auch 19–21 Uhr, So geschl.

Élena: in einer kleinen Seitengasse am Postamt, Tel. 2273-092 164, günstig.
Die überaus freundliche und sehr gut Deutsch sprechende Élena vermietet in ihrer Pension 7 Zimmer. Alle mit Bad und Balkon sowie mit neueren Möbeln eingerichtet. Im Erdgeschoss eine Gemeinschaftsküche für die Gäste, ganz oben ein schöner Dachgarten mit Blick auf Berge und Meer.

Christína: an der Uferstraße, Tel. 2273-092 456, moderat.
Wellenrauschen garantiert rund um die Uhr. Die Pension hat 8 sehr geräumige Doppelzimmer in einem eher unscheinbaren Haus direkt am Strand. Saubere und hell möblierte Räume, alle mit Balkon zur Meeresseite und tiptop sauberen Bädern. Frühstück auf Wunsch. Freundliche Atmosphäre.

María: etwas zurückversetzt von der Uferstraße, Tel./Fax 2273-092 579, moderat.
20 riesige Studios in dem großzügigen Komplex. Sie sind modern gestaltet und ganz in Weiß gehalten, die Bäder sind sauber und groß, die Küchenzeile neu. Alle haben einen, manche sogar zwei Balkone. Außerdem vermietet die junge Chefin María 4 nagelneue Apartments.

Apartments Ioánna/Restaurant Chrísta: am Tsamadoú-Strand, Tel. 2273-092 486, 2273-092 540, Fax 2273-092 661, teuer.
3 große und brandneue Apartments (2–4 Pers.) mit Meerblick, hellen Bädern, dunklen Holzmöbeln, Küche und TV oberhalb des Restaurants. Spezialitäten in der Strandtaverne: frischer Fisch, Hausgemachtes aus dem Ofen und vom Grill. Freundlicher Service, gute Preise, super Blick über die Bucht.

Touristenhochburg mit intimer Atmosphäre – Kokkári

Archangelos Village: am Strand, Tel. 2273-092 135, Fax 2273-092 820, www.archangelosvillage.gr, teuer.
Ánna Vasilía vermietet 11 sehr geräumige Studios mit brandneuem, weiß gefliestem Bad, Klimaanlage, Radio, Telefon und vollständig eingerichteter Küche mit Kaffeemaschine und Orangensaftpresse. Außerdem stehen 6 Zweiraumapartments in gleich großzügiger Ausstattung zur Verfügung. Nett begrünter Dachgarten.
Árion: westl. vom Ort am Hang, Tel. 2273-092 020, Fax 2273-092 006, teuer.
In mehreren Bauten in grüner Anlage hoch am Hang 108 Zimmer und Bungalows in komfortabler Ausstattung. Pool, Restaurant, Fitnessraum, Billard, Spielplatz, Sauna und Internet im Hotel. 1 x die Woche griechischer Abend, Hotelbus zum Strand und nach Kokkári.
Olympia Village: an der Kirche Ágios Nikólaos die Gasse hinein, dann 25 m rechts, Tel. 2273-092 420, Fax 2273-092 457, olympia@samos.diavlos.gr, teuer.
Ohne Zweifel die nobelste Unterkunft in Kokkári. Die freundliche Griechisch, Englisch und Französisch sprechende Chefin Vassilíki Malagári vermietet 22 Apartments in 6 Häusern, teilweise Maisonette-Bauweise. Alle Apartments sind unterschiedlich geschnitten und für 2 oder 4 Personen geeignet. Klimaanlage, Heizung, Telefon und deutsches Sat-TV in jedem Zimmer, tägliche Reinigung inklusive. März–Nov.
Venus: an der Hauptstraße oberhalb der Hauptkirche, Tel. 2273-092 230, Fax 2273-092 305, venustar@otenet.gr, teuer.
Rustikal eingerichtetes Hotel, 38 geräumige Zimmer mit Bad, Balkon, Klimaanlage, Telefon und Radio. Pool und Kinderbecken im Garten. Frühstücksraum mit großem Buffet, gemütliche Lobby. Freundliche, auf Deutsch und Holländisch geführte Rezeption.

Ámmos Plaz: an der Uferstraße, Tel. 2273-092 463, tgl. ab 9 Uhr.
Alteingesessene Taverne direkt am Strand. Ein wahrer Logenplatz, um dem bunten Strandtreiben und den Surfakrobaten zuzusehen. Es gibt ordentliche Fisch- und

›Tavérna Bíra‹

Das Bíra, das 1925 gegründet wurde, ist eine Taverne mit Tradition. Der junge Artémis hat das Lokal unter dem wilden Maulbeerbaum vor wenigen Jahren von seinem Vater übernommen und hält als Einziger im Ort noch die echte Tavernenkultur hoch. Spezialitäten sind Huhn und die diversen Vorspeisen, *mezé* genannt. Die Adresse ist aber auch empfehlenswert, falls man ein einfaches Glas Wein oder einen Oúzo trinken möchte. Nebenbei wird gute griechische Musik gespielt. Frühstück gibt es ab 9 Uhr.
Am Busstopp mitten in Kokkári, Tel. 2273-092 350, tgl. ab 9 Uhr.

Fleischgerichte zu den ortsüblichen Preisen. Hier gehen auch Einheimische gerne essen.

Basilico: fast an der Spitze der kleinen Felsnase, Tel. 2273-092 625, tgl. ab 12 Uhr.
Romantisches Ristorante: alter Küchenschrank auf der Terrasse, Couch und gemütliche Holzbänke davor, dazwischen bunte Blumen- und Kräutertöpfe. Superblick zum Strand. Chefin Rosanna bietet allerfeinste Küche aus der italienischen Heimat. Pizzen, Teiggerichte, Antipasti, Die Desserts sind hervorragend. Die kreative Küche rechtfertigt die etwas höheren Preise.

Kariátida: östliche Paralía, Tel. 2273-092 103, tgl. ab 11 Uhr.
Chef Vaíos bietet italienische Küche (Pizza und Spaghetti) und eine gute Auswahl an griechischen Gerichten vom Grill. Außerdem leckeres Lamm-Kléftiko und Fischsuppe. Der Tipp ist Apfel in Karamell-Creme zum Dessert. Schöner Platz auf einer Terrasse am kleinen Hafen mit Blick auf die Felsen.

Marína: ca. 10 Min. zu Fuß außerhalb des Ortes an der Straße nach Avlákia, Tel. 2273-092 692, 2273-092 266, tgl. 12–15 Uhr und ab 18 Uhr.
Leicht zu erkennen an dem ungewöhnlich gepflegten englischen Zierrasen. Der Clou aber ist der gemauerte Ofen an der Seite, in dem die meisten Gerichte gegrillt werden. Spezialitäten des Hauses: mit Reis gefülltes Huhn oder gefüllte Ziege.

Meltémi: an der Uferstraße, Tel. 2273-092 586, tgl. ab 9 Uhr.
Täglich frische Fische, je nachdem, was die Fischer von Kokkári gerade aus dem Meer gezogen haben. Spezialität sind Schwertfisch, Rotbarben und Shrimps-Souvláki. Außerdem traditionelle Grillküche und gute Vorspeisenauswahl. Taverne in super Lage am Strand.

Nírefs: am Ostende der Bucht oberhalb des kleinen Strands, Tel. 2273-092 140, tgl. ab 12 Uhr.
Tavérna und Café-Bar in einem. Das romantische Plätzchen hoch über dem Strand ist ganz in frischem Santoríniblau gehalten. Meeresrauschen und schöner Blick auf die kleinen Felsen östlich des Strands, gute Fischgerichte.

Posidón: östliche Paralía, Tel. 2273-092 384, tgl. ab 8 Uhr.
Spezialitäten von Chef Kóstas sind die Fischplatte ›Kapitän‹ und das Fischgericht Tsiladiá mit einer speziellen Sauce. Ansonsten griechi-

sche Küche aus dem Ofen, Kléftiko und Stifádo. Sámos-Wein vom Fass. Vormittags gutes Frühstück.

Akrogiáli: in der Fußgängerzone.
Ohne Zweifel der größte Postkartenladen auf ganz Sámos. Ebenfalls gute Auswahl an Büchern.
Cool Cat: an der Hauptgasse.
Silberschmuck mit individuellem Design. Apostólis fertigt auch Auftragsarbeiten, limitierte Auflagen oder Einzelstücke. Im Workshop kann man ihm bei der Arbeit zusehen. Gute Preise.
Eytíxis: östliche Uferstraße.
Die Töpferei von Eytíxis Pardalákis bietet solide einheimische Zierkeramik. Gelegentlich kann man dem Töpfer Vangélis bei der Arbeit zusehen.
Lapislazuli: in der Fußgängerzone östlich der Platía, Tel./Fax 2273-092 515.
Die Universitätsdozentin Ruth und der Maler Gerhard haben sich auf den wunderbaren blauen Lapislazuli spezialisiert und führen seit fast 30 Jahren einen Laden auf Sámos. Die exklusiven Schmuckstücke in der Farbe Griechenlands entwerfen sie selbst und lassen sie dann anfertigen.
Pinocchio: an der Hauptstraße neben der Bushaltestelle und gegenüber der Kirche Ágios Nikólaos, Tel. 2273-092 542, Fax 2273-092 557.
Astrid aus Deutschland und ihr griechischer Ehemann Alékos verkaufen in ihrem geschmackvoll eingerichteten Laden Souvenirs und Gebrauchsgegenstände: Keramik, Kerzen, Tiffany, mundgeblasene Gläser, Kunstkarten, Wanderführer, Pflanzenbücher, Landkarten, Kupfertöpfe und -pfannen (und dieses Buch). Besonders schön sind die Gegenstände aus

Meeresrauschen und Meeresfrüchte in der Bar Nírefs

Olivenholz, das nur mit Öl behandelt wird (keine giftigen Lackierungen). Außerdem gibt es Olivenöl, Essig, Honig, Marmelade, Kräuter und Olivenölseife aus inseleigener Produktion.

Cabana Club: an der Uferstraße, Tel. 2273-092 311, Juni–Sept. tgl. 23 Uhr–Sonnenaufgang.
Die einzige ›echte‹ Disco in Kokkári. Moderne griechische Musik, internationaler Pop, Techno und HipHop. In der Saison immer brechend voll.

›Der Webstuhl‹

Vielleicht der schönste, bestimmt der freundlichste Laden seiner Art auf der Insel. ›Der Webstuhl‹ ist mehr als ein Shop. Die Besitzerin Éva Eleftheríou hat lange in Deutschland gelebt und spricht perfekt Deutsch. Sie verkauft vor allem Produkte des Ortes: handgeknüpfte Teppiche von der Großmutter, geklöppelte Deckchen, Stickereien, Sámos-Keramik, Olivenölseife und mehr. Im Laden, früher ein Eselstall, steht der älteste Webstuhl der Insel, der dem Raum seinen Namen gab. Falls es gerade nicht so hektisch im Laden ist, nehmen sich Eva und die freundliche Beate aus Wuppertal gerne Zeit, um über den Ort und seine Traditionen zu erzählen. Koumaradéi, an der Durchgangsstraße, Tel. 2273-041 277, tgl. 8–20 Uhr.

Vangélis: an der Platía, tgl. 9–13 und ab 15 Uhr.
Morgens Frühstück, tagsüber Erfrischungen, nachts Drinks und Cocktails. Sehr beliebt, auch wegen des freundlichen Chefs Vangélis. Griechische Musik.

Fest des **Ágios Geórgios,** 23. April, und des **Ágios Panteleímon**, 27. Juli, an den jeweiligen Namenskirchen.

Inselbusse: 2 Bushaltestellen an der Durchgangsstraße, eine an der Kirche Ágios Nikólaos, eine weitere an der Uferstraße. Kokkári liegt auf der Buslinie Sámos-Stadt – Karlóvassi. Verbindungen je nach Saison: Mo–Fr 5–8 x tgl., Sa 3–5 x tgl., So nur während der Hauptsaison 1 x tgl.
Motorradverleih Memory: gegenüber der Kirche Ágios Nikólaos, Tel. 2273-092 491, 2273-092 560, Fax 2273-092 561.
Sehr gute und zuverlässige neue Fahrzeuge. Zweiräder von 50–250 ccm; außerdem Autos vom Kleinwagen bis zum Jeep.

Koumaradéi

Lage: G 5
Extra-Tour 2: S. 86/87

Von der Lage her eines der schönsten Bergdörfer im Innern von Sámos. Koumaradéi hat sich zu einem beliebten Ausflugsziel entwickelt. Ursache dafür sind die vier Handwerksläden, die allein schon sehenswert sind (s. Shopping). In Koumaradéi wird das alte Handwerk der Insel noch hochgehalten.

Moní Megális Panagías: Das Kloster liegt auf halbem Wege hinunter nach Mýli, ist aber stets verschlossen. Von der oberhalb der Anlage verlaufenden Straße kann man in den Innenhof blicken. Megális Panagías stammt aus dem ausgehenden 16. Jh. Leider wurden die reichen Kirchenschätze bei einem Großfeuer im 18. Jh. zerstört. Wer die Gelegenheit hat, beim seltenen Besuch des Popen von Koumaradéi anwesend zu sein, kann vergleichbar gut er-

Handwerkspflege in Koumaradéi – die Töpferwerkstatt Klironómos

haltene Fresken im Innern der Klosterkirche bewundern.

Balkóni: an der Straße Richtung Mýli, Tel. 2273-041 276, günstig.
Unterhalb der gleichnamigen Taverne werden einige Zwei- und Dreibettzimmer angeboten, einfache Einrichtung.
Klió: neben dem Kräuterladen, Tel. 2273-041 044, günstig.
Klió vermietet mehrere neu eingerichtete Zimmer mit Holzdecken, Küche und geräumigen Bädern. Schöner Blick von den Balkonen hinunter auf die Küste.

Balkóni: an der Straße Richtung Mýli, Tel. 2273-041 720, tgl. ab 10 Uhr.
Der von einem deutschen Ehepaar geführte ›Balkon‹ trägt seinen Namen zu Recht. Die Hochterrasse bietet ein tolles Panorama. Angeboten werden frisch zubereitete Tagesgerichte der griechischen und deutschen Küche. Zu den Spezialitäten gehören Fakés (griechische Linsensuppe mit Gemüse und Rosmarin), Láchanopita (Gemüsepita), ein grüner Bohnentopf mit Fleisch und Gewürzen.

Georgía Klironómou: am Ortsende Richtung Pírgos, Tel. 2273-041 363, Fax 2273-041 355, ganzjährig offen.
Die freundliche Georgía verkauft inseleigenen Honig, Bergtee und Kräuter in reicher Auswahl: Oregano, Thymian, Minze, Kamille, Salbei, Rosmarin, Lorbeer u. v. m. Mit einer kleinen Öl-Destillieranlage (Besichtigung möglich) werden ätherische Öle hergestellt: u. a. Eukalyptus, Minze, Lavendel, Zypresse, Rosmarin, Pinie.
Hydría: an der Durchgangsstraße, Tel. 2273-041 285.
Hier wird vor allem die Spezialkeramik Rákou produziert. Ein besuchenswerter Shop.
Klironómos: an der Durchgangsstraße, Tel. 2273-041 284.
Töpferei, die vor allem klassische Gebrauchskeramik wie z. B. den Pythágoras-Becher herstellt.

Gut geeignet für Kinder – der Strand Psilí Ámmos

Inselbusse: Haltestelle an der Durchgangsstraße. Verbindungen über die Linie Sámos-Stadt – Pythagório – Pírgos – Karlóvassi. Je nach Saison Mo–Fr 1–3 x tgl., Sa und So keine Fahrt.

Limniónas & Psilí Ámmos

Lage: B 6

Westlich von Votsalákia liegen die kleinen, deutlich ruhigeren Sandbuchten Limniónas und Psilí Ámmos . Mehr als ein paar Hotels und Tavernen haben sich hier noch nicht angesiedelt, und der Strand ist vergleichbar gut. Kleine Mini-Märkte an der Zufahrtsstraße sichern die Versorgung. Nachtleben existiert hier praktisch nicht.

Limniónas
Limniónas Village: etwas oberhalb des Strands, Tel. 2273-037 274, Fax 2273-031 740, limnionas@vienna.at; in Österreich: Skraupstr. 24/23/7, 1210 Wien, Tel. 0043/1/292 97 61, Fax 0043/1/294 92 92, teuer.
Die freundliche Österreicherin Margarete Renée Oberlé führt eine familiäre Ferienanlage mit 8 Bungalows für bis zu 5 Personen. Individuell im Kykladenstil erbaut, kombiniertes Wohn- und Schlafzimmer, Bad und voll ausgestattete Küche. Hübsche Außenanlage mit vielen Bäumen und Grillkamin. Zugang zum Strand.

Psilí Ámmos
Blue Horizon: oberhalb der Straße, östlich des Strandes, Tel. 2273-037 520, 2273-037 264, moderat.
Athanásios Milónas vermietet 18 Studios unterschiedlicher Größe und 10 geräumige Apartments für bis zu 4 Personen, z. T. neu errichtet. Helles Mobiliar, voll ausgestattete Küche, Mini-Supermarkt vorhanden. Ruhige Lage 2 Min. oberhalb des Strands, wunderschöner Meerblick.
Golden Sand: Psilí Ámmos, am Hang oberhalb des Strandes, Tel.

2273-037 355, 2273-037 432, teuer.
Zwei Anlagen mit Apartments und Studios inmitten des Kiefern- und Ölbaumwaldes am Hang des schönsten weißen Sandstrandes der Insel. Zimmer mit sehr guter Ausstattung, vollständige Küchen, geräumige Bäder, Pool und Pool-Bar. Herrlicher Blick aufs Meer.

Limniónas
Galíni: oberhalb der Bucht, Tel. 2273-037 483, tgl. ab 9 Uhr.
Auf dem dicht mit Ölbäumen bewachsenen Hügel versteckt sich die Tavérna Galíni. Es gibt die traditionellen Grillgerichte, die hier auf dem Holzkohlengrill gegart werden.
Limniónas: am Strand, Tel. 2273-037 324, tgl. ab 9 Uhr.
Chef Pródromos Antonakákis bietet vor allem vorzügliche Fischgerichte, was nicht wundert, denn einige Familienmitglieder sind als Fischer tätig. Besonders gut ist der Sinagrída. Frühlings-Spezialität des Hauses: gefüllte Zucchini-Blüten. Freundliche Atmosphäre, Blick über den Strand auf das tiefblaue Wasser und griechische Musik. Idylle pur.
Psilí Ámmos
Páris: an der Durchgangsstraße, oberhalb des Strandes, tgl. ab 10 Uhr.
Essen und Service halten sich im Rahmen, aber der Meerblick von der Aussichtsterrasse ist wirklich fantastisch.

Manolátes

Lage: G 3
Einwohner: ca. 120
Extra-Tour 3 und 4: S. 88/89 und 90/91

Zusammen mit Vourliótes ist Manolátes eines der beliebtesten Bergdörfer der Insel. Viele Besucher ziehen jedoch Manolátes vor, da man hier an der alten Architektur nichts verändert hat. Noch immer erscheint das Dorfbild so authentisch wie vor 100 Jahren. Die engen Gassen sind für Autos gesperrt und an jeder Ecke mit bunten Blumenkübeln aufgelockert. Auch die Häuser mit ihren traditionellen samiotischen Erkern passen in das Bild der perfekten Griechenland-Nostalgie. Entlang der Hauptgasse haben sich zahlreiche Souvenirverkäufer und Tavernen niedergelassen. Ein Ausflug nach Manolátes sollte in keinem Sámos-Urlaub fehlen.

Valeontátes: Das **Nachtigallental** liegt zwischen der Küstensiedlung Platanákia und Manolátes. Überall an der Straße hinauf in das Bergdorf gibt es Haltebuchten, von denen Wege in das Flusstal führen. Das eigentliche Zentrum des Nachtigallentals liegt nach etwa 1,5 km ab Platanákia links der Straße. Schon ab dem späten Nachmittag ist der melodische Gesang der Nachtigallen überall im Wald zu vernehmen (s. Extra-Tour 4, S. 90/91).

Ángela: am östlichen Ortsrand, Tel. 2273-094 478, günstig.
Einer der wenigen Privatzimmeranbieter in Manolátes. Das Haus ist nur während der Hauptsaison geöffnet. Wegen der geringen Kapazitäten sollte man unbedingt vorbestellen.
Aidonókastro: im Nachtigallental, an der Straße nach Manolátes, Tel./Fax 2273-094 404, teuer.
Wer etwas Ausgefallenes sucht, ist hier richtig: Der Wirtschaftsin-

genieur Ioánnis Pamoúkis hat sich im Nachtigallental einen Traum erfüllt. Das Aidonókastro ist ein liebevoll rekonstruierter Weiler mitten im Wald. Der Komplex besteht aus 5 traditionellen und meist 2-stöckigen Apartmenthäusern, die innen völlig neu gestaltet und luxuriös eingerichtet wurden: uralte Original-Möbel, Gemälde, Ikonen, Teppiche, Keramik – alles, wie es früher üblich war. Die Küchen und Bäder entsprechen allerdings dem heutigen Standard.

AAA: an der Zoodóchos Pigí-Kirche, Tel. 2273-094 472, tgl. ab 10 Uhr.
Ángeli Agápi kocht typisch samiotische Küche – für die ganze Familie und für die Gäste gleich mit. Verwendet werden fast nur Produkte vom eigenen Bauernhof: Gemüse, Ziegen, Kaninchen und Hühner. Täglich wechselnde Gerichte, Wein von den eigenen Rebstöcken. Günstige Preise.
Loukás: am oberen Ortsende nach einem großen Wassertank, Tel. 2273-094 541, tgl. ab 9 Uhr.
Der Weg hinauf lohnt schon wegen des grandiosen Ausblicks. Wenn dann auch noch das Essen so gut schmeckt wie bei Loukás ist die Idylle perfekt. Spezialitäten sind Ziegenfleisch aus der Kasserolle, das vorbestellt werden muss, mit Reis gefüllte Zucchiniblüten und Kichererbsen-Keftthédes. Wein und Soúma aus eigenem Anbau.
Panórama: etwa 250 m vor dem Ortseingang an der Straße, Tel. 2273-094 626, tgl. ab 9 Uhr.
Die Aussicht ist überwältigend. Zu essen gibt es Kichererbsenkefthédes, Pfannengerichte mit Tomaten, Omeletts, Grillgerichte, Kaninchen-Stifádo und viele Vorspeisen. Wein vom Fass. Tipp ist der hausgemachte Kuchen deutscher Art. Man spricht Deutsch.

Génesis: an der Hauptgasse, gleich am unteren Dorfeingang.
Besondere Zierkeramik mit Glasuren, die den Tonarbeiten einen metallischen Glanz verleihen, das Rakoú.
Magazáki: an der Hauptgasse.
Zier- und Gebrauchskeramik, Bilder, Gewürze, Olivenholzarbeiten, Metalltöpfe und -pfannen.

Keine öffentliche Busverbindung.

Mýli

Lage: G 6
Extra-Tour 2: S. 86/87

Mýli ist ein hübsches Dorf inmitten der üppig grünen Landwirtschaftsebene. Egal, von wo man kommt, Hunderte von Bäumen mit Oliven und Zitrusfrüchten säumen die Straße. Mýli gehört zu den ruhigeren Orten der Insel. Bemerkenswert ist die Kirche an der Platía, deren ältester Teil, **Zoodóchos Pighí,** 1832 erbaut wurde. Die anderen Teile sind dem Ágios Charálambos und dem Ágios Makários geweiht. Ein kleines Stück weiter die Gasse hinauf liegt der aus den nahen Quellen gespeiste Trinkwasserbrunnen. Unterhalb von Mýli verläuft der Fluss Imvrásos, in dessen Tal seltene Vogelarten leben. Die Wassermühlen am Imvrásos sind längst durch Dieselgeneratoren ersetzt worden. Der Dorfplatz von Mýli ist vielleicht neben der Platía von Platanós der schönste der Insel.

Inselbusse: Bushaltestelle an der Durchgangsstraße, unterhalb der Platía. Verbindungen gibt es nur über die Linie Sámos-Stadt – Pythagório – Pírgos – Karlóvassi. Je nach Saison Mo–Fr 1–3 x tgl., Sa und So keine Fahrt.

Mytiliní

Lage: H/J 5
Einwohner: ca. 2500

Das lang gezogene Straßendorf Mytiliní wird hauptsächlich von Soldaten geprägt, weil es ein bedeutender Militärstützpunkt auf der Insel ist. Entstanden ist ein etwas merkwürdiges Ambiente: Neonlichtkneipen mit postmodernem Touch wurden in uralte Natursteingebäude hineingebaut, die ebenerdigen Läden sind mit viel Marmor und poliertem Chrom perfekt durchgestylt, darüber erhebt sich eine Fassade, die im Grunde abbruchreif ist. Einzige Sehenswürdigkeit neben dem unweit des Dorfes gelegenen Kloster Agía Triáda ist das Paläontologische Museum.

Paläontologisches Museum: an der Durchgangsstraße am südlichen Ortsrand, Mo–Sa 9–14 Uhr, So 10–14 Uhr, Tel. 2273-052 055, Eintritt 2,5 €
In dem von einer privaten Stiftung getragenen naturhistorischen Museum gibt es bedeutende Stücke zu sehen, insbesondere Fossilien. Sie sind seit 1887 im Rahmen mehrerer Grabungsserien in der Umgebung von Mytiliní entdeckt worden. Wissenschaftler haben aus den Funden gedeutet, dass die Insel einst mit dem kleinasiatischen Festland verbunden war. Die Fossilien stammen von Antilopen, Elefanten, Flusspferden, Gazellen, Giraffen, Hyänen und Nashörnern.

›Mímis‹

Man sitzt gemütlich unter einem Maulbeerbaum auf der Platía. Der freundliche und immer gestresste Wirt Evthimios Kechagiás serviert leckere Fischspezialitäten und gute Fleischgerichte wie Lammkeule, Kaninchenstifádo, Hühnchenfilet. Empfehlenswert sind auch Moussaká und gefüllte Tomaten, Kichererbsenbrei und Oktopussalat als Vorspeisen. Offener Wein vom Fass. Griechische Musik.
Die obere der drei Tavernen auf der Platía von Mýli, Tel. 2273-071 115, tgl. 7–1 Uhr, ganzjährig geöffnet.

Moní Agía Triáda: Abzweigung 500 m vor dem südlichen Ortsausgang (beschildert), 8–12 und 16–19 Uhr.
Das 1824 gegründete Kloster am Rande der Ebene von Mytiliní wird von zwei Mönchen und einer Haushälterin bewohnt. An den alten Gemäuern nagt schon heftig der Zahn der Zeit, und im Innenhof herrscht buntes Durcheinander. Um so erstaunlicher die **Klosterkirche:** Die Altarwand besteht aus weißem Marmor, ist goldverziert und reich mit Ikonen be-

Samiotische Bilderbuchansicht – die Kirche in Marathókampos

stückt. Ohnehin ist die gesamte Kirche üppig mit sakralen Kostbarkeiten ausgestattet.

Diónysos: an der Platía, Tel. 2273-051 708, tgl. 12–15 und 18–24 Uhr.
Kleine, hübsch mitten auf dem Dorfplatz gelegene Dorftaverne. Solide griechische Küche zu zivilen Preisen.
Pávlos: an der Platía, Tel. 2273-027 733, tgl. 11–24 Uhr.
Die kleine Snack-Bar bietet günstige Kleinigkeiten. Man sitzt angenehm unter Schatten spendenden Bäumen an dem Platz mit der hohen Palme.

Astória: an der Durchgangsstraße, tgl. ab 11 Uhr.
Modern eingerichtetes Musik-Café. Abends immer überfüllt.
Cine Rex: an der Durchgangsstraße neben dem New Joy, Juni–Sept. tgl. ab 21 Uhr.
Open-Air-Kino in einem kleinen Gartengrundstück. Aufgeführt werden griechische und englische bzw. amerikanische Filme mit griechischen Untertiteln. Das Ganze ist im Grunde ein Kino-Café. Man sitzt bequem an Tischen und kann sich aus dem benachbarten New Joy bedienen lassen.
New Joy: an der Durchgangsstraße, tgl. ab 9 Uhr.
Café-Bar, Billard-Club und Spielhölle für Video-Games in einem. Die Lautstärke der Musik ist nicht jedermanns Sache.
Tolis: an der Durchgangsstraße, tgl. ab 11 Uhr.
Ebenfalls eine Café-Bar mit ziemlich lauter Pop-Musik.

Inselbusse: 2 Bushaltestellen an der Durchgangsstraße. Mytiliní liegt an der Rundlinie Sámos-Stadt – Pythagório – Chóra – Mytiliní – Sámos-Stadt. Je nach Saison: Mo–Fr 6–10 x tgl., Sa 4– 6 x tgl., So nur während der Hauptsaison 1 x tgl.

Órmos Marathokámpou

Lage: D 5

Einst nur der Ankerplatz des Bergortes Marathókampos, hat das Küstendorf den Hauptort in seiner touristischen Bedeutung mittlerweile längst überholt. In Órmos, wie Órmos Marathokámpou eigentlich nur genannt wird, haben sich zahlreiche Hotels, Pensionen und Tavernen niedergelassen. Gleichzeitig hat man die Uferstraße befestigt und recht ansehnlich gestaltet. Der seit langem in Arbeit befindliche Hafenbau ist noch immer in vollem Gange. Im Vergleich zum nahe gelegenen Votsalákia bietet Órmos mit einem weniger attraktiven Kiesstrand deutlich mehr Ruhe. Allerdings ist die gesamte Bucht durch den Hafenneubau derzeit nicht gerade schön anzusehen.

Órmos verfügt über einen bescheidenen **Kiesstrand** an der Uferstraße. Wer **Sandstrand** mag, sollte ins nahe gelegene Votsalákia fahren. Das Wasser ist hier allerdings klar und ausgesprochen sauber, zumindest solange der Hafenneubau noch nicht beendet ist.

Marathókampos: Der Ausflug in den Hauptort der Region führt in touristische *terra incognita*. Marathókampos lebt, wie seit Hunderten von Jahren, von den üppigen Ölbaumplantagen rund um die Stadt. Hergestellt werden Öl und Olivenseife. Es existieren keine Unterkunftsmöglichkeiten, Kafenía und Tavernen lediglich eine Handvoll. Dafür gibt es die notwendige Infrastruktur: Post, O.T.E.-Zentrale und eine Bank.

Marathókampos ist ein Ort, in dem es noch richtiges griechisches Dorfleben gibt, auch wenn der Ort entlang der Durchgangsstraße nicht sehr einladend wirkt. Er wurde am Hang errichtet und bezaubert durch seine engen Gässchen, Torbögen und die Platía. **Vorsicht** beim Durchfahren: Kaum ein Ort der Insel hat so enge Straßen und so viele Kurven wie Marathókampos. Häufig kommt es zu Unfällen. Also vorsichtig fahren!

Kleopátra: fast am östlichen Ende der Uferstraße, Tel. 2273-037 443, 2273-037 486, günstig.
Kleine Anlage aus 2 Häusern mit dunkelblauen Türen und Fensterläden. Man vermutet kaum, dass sich hinter dieser Fassade hübsche, mit hellen Holzmöbeln eingerichtete Maisonette-Studios verbergen. Gute Ausstattung, alle Studios mit Bad, Küche und Balkon, die meisten mit Meerblick. Der freundliche Besitzer hat sogar die Betten in der Landesfarbe Blau angestrichen.
Vanéssa: im östlichen Ortsbereich, Tel. 2273-037 382, 2273-037 272, günstig.
Evángelos Chartofílis bietet insgesamt 6 Apartments an, verteilt auf 2 Häuser. Da er ganz in der Nähe wohnt, wird auch im Winter vermietet. Neuere Einrichtung, geräumig und sauber.

›Lekátis‹

Fisch und vegetarische Gerichte sind die Spezialität von Níkos Lekátis. Seine Frau Nítsa bereitet viele Sorten Kefthédes zu. Natürlich gibt es auch Grillteller, Huhn-Souvláki oder Moussaká. Eigener Fasswein und griechische Musik. Órmos Marathokámpou, Paralía, Tel. 2273-037 343, tgl. 8–1 Uhr.

Kérkis Bay: oberhalb der Bucht an der Straße, Tel. 2273-037 202, Fax 2273-037 372, moderat.
Kleines Hotel ganz in der Nähe des Anlegers. Obwohl man mit Reiseveranstaltern zusammenarbeitet, bleiben immer Zimmer für die freie Vermietung übrig. Ordentliche Zimmer mit Bad, Balkon und Klimaanlage.
Vígla: weit oberhalb der Bucht an der Zufahrtsstraße, teuer.
Aus mehreren Häusern bestehende Anlage, direkt hinter dem Straßenabzweig nach Marathókampos. Ruhig gelegen und optisch ansprechende Außenanlage mit Swimmingpool und Pool-Bar. Geräumige, gut ausgestattete Studios mit moderner Küche.

Nisí: Uferstraße, Tel. 2273-037 472, tgl. ab 10 Uhr.
Eine der vielen Tavernen entlang der Uferpromenade. Es gibt deutsches Bier und ordentliche Portionen, zumindest bei den Fleischgerichten. Guter Service, Preise im Rahmen. Abends sehr beliebt.
Lekátis: s. Kasten S. 55.

Inselbusse: Bushaltestelle an der Durchgangsstraße. Verbindungen nach Sámos-Stadt nur über Marathókampos und Karlóvassi 1–2 x tgl. Der Bus fährt weiter nach Votsalákia, 2 x pro Woche auch bis Drakéi.
Mietfahrzeuge: Mirtó, an der Straße Richtung Votsalákia, Tel. 2273-037 135.

Pagóndas

Lage: G 6
Einwohner: ca. 800
Extra-Tour 2: S. 86/87

Pagóndas ist das Zentrum dieser Landwirtschaftsregion und blickt auf eine längere Geschichte zurück. Der Ort lebt nicht vom Tourismus, sondern vor allem von den dichten Olivenhainen in der Umgebung. Leider hat auch hier das Großfeuer vom Juli 2000 seine Spuren hinterlassen. Im Januar und Februar kann man die große alte Ölmühle am südöstlichen Ortsausgang in Aktion erleben. Pagóndas verfügt über eine weit ausladende Platía. Es gibt Krämerläden und eine Bäckerei.

Archontíssa: an der Platía, Tel. 2273-071 257, tgl. ab 9 Uhr.
Tische unter einer riesigen Platane auf dem schattigen Teil des Dorfplatzes. Angenehmes Ambiente, gutes Essen.

Inselbusse: Bushaltestelle an der Durchgangsstraße, unterhalb des Ortszentrums. Je nach Saison Mo–Fr 2–3 x tgl., Sa und So während der Nebensaison gar nicht, im Hochsommer 1 x tgl. Befahren wird die Linie Sámos-Stadt – Pythagório – Iréo – Mýli – Pagóndas und zurück. 2 x/Woche über Votsalákia nach Drakéi.

Péfkos

s. S. 31ff.

Pírgos

Lage: F 5
Einwohner: ca. 750
Extra-Tour 2: S. 86/87

Pírgos ist ein kleiner, unspektakulärer Ort auf gut 350 m Höhe,

Männerangelegenheiten – vor dem Kafeníon in Spatharéi

der etwa in der Mitte der Insel liegt. Seine Bedeutung ist eher verkehrstechnischer Art. Denn hier treffen die Straßen von den Dörfern im Süden und von Karlóvassi aufeinander. Der Ort selbst hat nur wenig touristischen Wert, wenn man von der Platía mit der **Kirchenruine** einmal absieht. Ansonsten gibt es das typische Gassengewirr mit ein paar Läden, vereinzelten Tavernen und einem Postamt am oberen Platz.

Mesógio und Pándroso: Von Pírgos aus zweigt nahe des Aquädukts eine schmale, beschilderte Straße ins Ámpelos-Gebirge ab. Vorbei an waldbrandgeschädigten Olivenhainen, Kiefernwäldchen und terrassierten Weinfeldern gelangt man zunächst nach Mesógio. Schon hierher verirrt sich kaum ein Fremder, und nach Pándroso, das einige Hundert Meter entfernt liegt und wo die asphaltierte Straße abrupt endet, erst recht nicht. Weiter geht es auf abenteuerlichen Pfaden zum Gipfel des **Profítis Ilías.** Auf der anderen Gebirgsseite liegt **Kokkári.**

Spatharéi: Das wunderschön am Hang gelegene Bauerndorf liegt etwa 4 km südlich von Pírgos und ist über eine Straße zu erreichen. Inmitten des Ortes steht die riesige **Taxiarchen-Kirche,** drumherum gruppiert sich braune Ödlandschaft mit ein paar wenigen grünen Ansätzen. Denn die Wälder rund um Spatharéi sind bei zwei Großfeuern 1996 und 2000 fast völlig niedergebrannt. Im Ort gibt es keine aggressiven Verkaufsstände, dafür viele bunte Häuser, ideal zum Fotografieren. Man freut sich noch, wenn neugierige Fremde vorbeikommen.

Empfehlenswert ist das von außen unscheinbare **Kafeníon Papanikoláou** an der Durchgangsstraße. Man sitzt schattig mit dem Blick auf die Kirche. Ein Glas Oúzo oder einen griechischen Kaffee gibt's hier schon für 0,5 €. Viele Männer aus Spatharéi sprechen Deutsch, weil sie ein paar Jahre in Deutschland gearbeitet haben. Entlang der Hauptgasse finden sich weitere Kafenía und ein uriges Pantopolíon.

Taverne ›Palaís‹

In der durch ein EU-Projekt für Landwirte finanzierten Taverne werden nur Produkte von der Insel angeboten. Spezialitäten sind mit Reis und Kräutern gefüllter Hahn, gebackene Zucchini, Kichererbsenbrei und gefüllte Weinblätter. Pírgos, Straße Richtung Spatharéi, Tel. 2273-041 060, tgl. ab 12 Uhr.

Inselbusse: Haltestelle an der Durchgangsstraße; Verbindungen nur über die Linie Sámos-Stadt – Pythagório – Pírgos – Karlóvassi. Je nach Saison Mo–Fr 1–3 x tgl., Sa und So keine Fahrt.

Platanós

Lage: E 4/5
Einwohner: ca. 550
Extra-Tour 3: S. 88/89

Mit gut 550 Höhenmetern ist Platanós das ›Penthouse‹ der Insel. Kein anderer Ort liegt so hoch in den Bergen. Von der Hauptverbindung Pírgos–Karlóvassi zweigt eine kurvige Straße ab, die erst durch Wald, später durch terrassierte Weinfelder führt.

Der Ort macht einen ursprünglichen Eindruck. Am Dorfeingang linker Hand erreicht man den dreieckigen Dorfplatz mit jeweils einer Taverne an den Seiten und der obligatorischen Platane. Im Brunnenhaus von Platanós sprudelt eine kräftige Quelle mit wohlschmeckendem Wasser. Gute Tavernen und Übernachtungsmöglichkeiten erhöhen den Reiz des Bergortes noch.

Párthenon: am Dorfplatz, Tel. 2273-039 249, günstig. Nikólaos Menégas vermietet 4 Zimmer über seiner gleichnamigen Taverne. Parkettböden, ansonsten einfache Zimmer ohne Schnickschnack. Etagenbad.
Karvoúnis: am südöstlichen Ortsrand, Tel. 2273-039 222, moderat.
Mehrere Zimmer in einem etwas außerhalb gelegenen Haus mit hübschem Garten. Alles relativ neu und modern eingerichtet. Die Zimmer haben alle Bad und Balkon/Terrasse, viele mit wunderschönem Blick auf die Bergwelt.

Párthenon: am Dorfplatz, Tel. 2273-039 249, tgl. ab 9 Uhr.
Die Taverne des Zimmervermieters Nikólaos Menégas bietet gute Küche. Spezialitäten des Hauses sind Hackfleischklößchen, Souvláki und Hasenragout. Schöne schattige Plätze unter der Platane.
Sophía: am Dorfplatz, Tel. 2273-039 383, tgl. ab 9 Uhr.
Die freundliche Wirtin Sophía Menéga spricht gut Deutsch. Ihr griechischer Salat ist riesig, empfehlenswert die gefüllten Tomaten und die Kichererbsen. Lecker sind die Süßspeisen, wie die selbst gemachten *loukoumádes* und der ›deutsche‹ Kuchen. Dazu süßer Sámos-Wein aus dem Dorf oder frisch gepresster Orangensaft.

Bäckerei Menégas: am Dorfplatz, neben Sophías Taverne, tgl. 8–12 Uhr.
Sophías Mann ist der Bäcker von

Platanós. Brot, Brötchen, Kekse in reicher Auswahl und immer frisch. Besonders empfehlenswert ist die *tirópita,* eine mit Schafskäse gefüllte Blätterteigtasche.

Keine öffentliche Busverbindung.

Posidónio

Lage: M 5

Kleine Bucht, mit herrlichem Blick auf die türkische Küste, die nirgendwo so nahe liegt. Wie die Strände Psilí Ámmos und Klimá lebt auch Posidónio als etwas größere Siedlung vor allem von Tagesausflüglern. Wer für längere Zeit die Abgeschiedenheit sucht, findet hier passende Unterkünfte in gutem Angebot. Die schöne Bucht und der hübsche Fischerhafen werden von gemütlichen Tavernen gesäumt. Die Zufahrtsstraße windet sich in vielen Serpentinen zur Küste hinab, Ölbäume und Kiefern werden seltener, und die Gegend erscheint felsiger und weniger grün.

Kiesstrand in weitläufiger Bucht mit vielen kleineren Strandabschnitten. Auch direkt bei den Tavernen ist das Wasser in Ordnung, man kann bedenkenlos baden.

Lympéris: kurz vor dem Straßenende rechts in einer Seitengasse, Tel. 2273-028 030, 2273-028 135, günstig.
4 nette Apartments mit Küche, Bad und Balkon. Relativ neu und sauber gepflegt. Außenanlage mit einem schönen Vorgarten, auffällig der riesige Gummibaum.

Posidónio: am Ende der Zufahrtsstraße rechts, Tel. 2273-022 267.
Die alteingesessene Familie Kerkézos vermietet Zimmer mit Bädern und Balkonen sowie große, hell eingerichtete Studios mit neuer Küche und geräumigen Bädern. Der Blick von den Balkonen reicht durch den Vorgarten bis zum Meer. Außerdem gibt es zwei Villen von jeweils 70 m². Zu den Häusern gehört die gleichnamige Taverne (s. o.).

Diónysos: am Meer, Tel. 2273-023 364, tgl. ab 9 Uhr.

›Posidónio‹

Das Posidónio ist eine der besten Fischtavernen der Insel, wunderschön auf einer ins Meer hineingebauten Terrasse gelegen. Davor schaukeln die Fischerboote auf dem Wasser, der fantastische Blick vervollständigt die Idylle. Mehrere Kähne gehören der Familie, die dadurch immer frische Ware auf die Teller bringt. Alle Fischgerichte sind hervorragend, gut und reichlich auch die Vorspeisen. Leider jedoch nicht billig, besser also vorher nach dem Preis fragen. Posidónio, am Ende der Zufahrtsstraße rechts, Tel. 2273-022 267, tgl. ab 9 Uhr.

Die Taverne auf einer Terrasse im Meer ist hübsch begrünt. Gute Fischgerichte, nicht billig.

Keine öffentliche Busverbindung.

Psilí Ámmos

Lage: L 5/6

Schönster Strand im Osten der Insel, an dem während der Hochsaison kaum noch ein Platz zu finden ist. Der mit Abstand meistbesuchte Strand in der Nähe von Pythagório ist gut 300 m lang und verfügt über feinsten Sand. Dazu spenden ein paar Tamarisken etwas Schatten – das ideale Beach-Ambiente zum Entspannen. Ansprechend auch die vielen Strandtavernen. Die Straße nach Psilí Ámmos führt um den See **Limní Alíkes** herum, der unter Naturschutz steht. Im Winter füllt ihn der Regen auf, im Sommer trocknet er fast aus. Oft sind noch bis Ende Mai Flamingos, Störche und Pelikane zu beobachten.

El Greco: am Strand, Tel. 2273-023 382, tgl. ab 9 Uhr.
Aristós hat seine Taverne ganz in frischem Blau gehalten. Spezialitäten sind Fisch und Fleisch vom Grill, Fischsuppe, Shrimps, Krabben, Lobster. Hummer mit Spaghetti nur auf Vorbestellung. Kellner Níkos spricht Deutsch.

Pythagório

Lage: J 6
Einwohner: ca. 1500
Extra-Tour 1: S. 84/85

Pythagório ist (gemessen an der Anzahl der Hotels und Privatzimmer) mittlerweile zum touristischen Hauptort der Insel avanciert. Doch auch hier hat man auf große Hotelkästen bewusst verzichtet. Zum Glück – denn die Stadt liegt wunderschön am Hang oberhalb einer malerischen Bucht. Direkt am Wasser reiht sich ein Café an das nächste, davor ankern Ausflugsboote *(kaíkis)* oder noble Segeljachten. Auf beiden Seiten der Uferstraße ziehen sich lange Molen weit ins Meer hinein. Pythágoras, der Namensgeber der Stadt, wurde auf der östlichen Mole mit einem Denkmal verewigt.

Pythagório ist aber auch die Stadt des antiken Herrschers Polýkrates. Bauwerke aus seiner Zeit sind überall im Ort und in der näheren Umgebung zu finden. Historisch neueren Datums sind allerdings die noch gut erhaltenen Mauern des Kastells. Sie stammen, wie die gesamte Altstadt, aus dem 19. Jh.

Zentrum des griechischen Alltags ist die Platía Iríni, unweit der Uferstraße am Fuße des am Hügel errichteten Stadtteils. Hier und in Richtung Kastell befinden sich die

Große Wäsche auf dem Anleger beim östlichen Psilí Ámmos-Strand

meisten Übernachtungsmöglichkeiten, während sich die Tavernen auf die Altstadt und das Hafengebiet konzentrieren.

Pythagório ist reich an Sehenswürdigkeiten und bietet viel Atmosphäre, auch wenn Touristen den Ort im Sommer stürmen. Samos-Stadt und der Flughafen sind nah.

Bauten des Polýkrates: Nachdem Polýkrates 538 v. Chr. an die Macht gekommen war, versuchte er sich mit gewaltigen Bauwerken ein Denkmal zu setzen. Zunächst wurde die Stadtmauer errichtet, später der Hafen und der dazugehörige Damm. Auch der Tunnel des Eupalínos war ein Projekt seiner Zeit. Weiteres s. Extra-Tour 1, S. 84/85.

Kástro: Majestätisch thront das Logothétis-Kastell auf einer Anhöhe westlich des Anlegers. Die noch recht gut erhaltenen Ruinen stammen aus der Zeit des griechischen Freiheitskampfes. Nach seinem positiven Ende integrierte man die **Kirche Metamórphosis** aus Dankbarkeit in die Anlage. Archäologische Forschungen haben ergeben, dass bereits im 3. Jahrtausend eine Besiedlung des heutigen Kástrohügels nachweisbar ist. Wahrscheinlich standen hier einst eine ionische Akrópolis und später der Palast des Polýkrates.

Tunnel des Eupalínos: an der Straße nach Sámos-Stadt,
Di–So 8.30–14.30 Uhr, Eintritt 4 €, ermäßigt 2 €.
Der Tunnel diente zur Wasserversorgung der antiken Stadt, denn die Quelle lag auf der anderen Seite des Hügels. Wer zur Besichtigung in den Tunnel einsteigen will, muss sich zunächst durch einen etwa 50 cm breiten Eingangsspalt zwängen. Auch unter Tage verbreitert sich der Durchmesser dann lediglich auf ca. 1,50 m; s. auch Extra-Tour 1, S. 84/85.

Archäologisches Museum: Platía Iríni, Di–So 8.30–14 Uhr, Eintritt frei.
In dem Raum mit dem Namen Archeological Collection werden einige beachtliche Stücke ausgestellt: Köpfe von Skulpturen, vollständig erhaltene Skulpturen, Grabbeigaben, Särge, Relief-Teile und mehrere Amphoren (s. auch Extra-Tour 1, S. 84/85).

Der Becher des Pythágoras

Der so genannte Gerechtigkeitsbecher *(dikéa koúpa)* gilt als Erfindung des großen Pythágoras. Geheimnis der Konstruktion ist ein System gegenläufiger Röhren im Innern. Wenn die Füllung des Hohlraumes eine bestimmte Höhe überschreitet, setzt sich in den Röhren ein Saugmechanismus in Gang, der den Becher in einem Zug entleert. Pythágoras wollte seinen Schülern mit dem Becher die Lehre vom richtigen Maß verdeutlichen.

Museum Nikólaos Dimitríou: im Hotel Dóryssa Bay, etwa 1 km außerhalb an der Straße nach Iréo. Di–So 10–13 Uhr und 18–20 Uhr, Eintritt 1,5 €.
Die Sammlung des privaten Volkskundemuseums zeigt vor allem Gegenstände zum Landleben vom Ende des 19. Jh. bis zum Zweiten Weltkrieg. Die Exponate wurden vom Gründer des Hotels aus allen Ecken der Insel zusammengetragen.

An beiden Enden der Uferstraße befinden sich kleine Strandabschnitte, die nicht sonderlich attraktiv sind. Östlich der Mole mit der Pythágoras-Statue liegt der grobkiesige **Remetáki Beach** mit Blick entlang der Kaimauer auf den kleinen Leuchtturm am Ende, ein paar Bäume bei den Tavernen spenden etwas Schatten. Leider ist der Remetáki weder sonderlich breit noch lang, so dass im Sommer das berühmte Sardinendosen-Feeling aufkommt. Der **Tigániou Beach** auf der gegenüberliegenden Westseite der Uferstraße sieht ähnlich aus, ist aber weitgehend schattenlos und gnadenlos dem Nordwestwind ausgesetzt. Diese Bucht setzt sich mit mehr oder weniger schönen Badestellen bis weit hinter den Flughafen fort.

Vor allem **Bootsausflüge** lohnen sich von Pythagório. An der Uferstraße liegen während der Saison gut ein Dutzend Kaíkis, die Touren nach **Samiopoúla** sowie an die nahe gelegenen Strände von Psilí Ámmos (Ost), Posidónio, Iréo und sogar bis Votsalákia anbieten. Abfahrtszeiten und Preise werden auf Tafeln an den Liegeplätzen angegeben. Ansonsten empfehlen sich **Kurzausflüge** zu den außerhalb des Ortes gelegenen Bauten des Polýkrates und zum Kloster Spilianís (s. auch Extra-Tour 1, S. 84/85).
Mykáli Beach: lang gezogener, grober Kiesstrand an der inzwischen durchgängig asphaltierten Zufahrtstraße zum **Psilí Ámmos Beach** (s. S. 60). Am Strand befinden sich mehrere Übernachtungsmöglichkeiten und Tavernen, die auch Sonnenschirme verleihen.

Reisebüros: an der Hauptstraße Lykoúrgou Logothéti.
Ship Travel (Olympic Agentur): Tel./Fax 2273-061 914; **Soútos Tours:** Tel. 2273-062 590; **Regína Travel:** Tel. 2273-061 323, Fax 2273-061 341.

Schiffsauskünfte: Hafenamt an der nördlichen Uferstraße, Tel. 2273-061 225.

Tourist Information: Lykoúrgou Logothéti, Juni–Sept. tgl. 8–22 Uhr, Tel. 2273-061 389, 2273-062 274, Fax 2273-061 022.
Sehr freundlicher Service in englischer Sprache, reichlich Info-Material und kompetente Angestellte. Juni–Sept. geöffnet.

Alexándra: Metamórphosis Sotíros, Tel. 2273-061 429, günstig.
Die Zimmer und Bäder sind nicht übermäßig groß, aber sehr sauber. Hübsch begrünte Außenanlage, die für die Gäste zugänglich ist.

Déspina: Ecke Platía Iríni/Agíou Nikoláou, Tel. 2273-061 677, günstig.
11 gut ausgestattete Zimmer mit Bad und Balkon, verteilt auf 2 Häuser mit einem gemütlichen Innenhof. Einige Zimmer haben auch eine eigene Küche (kostet Aufschlag).

Drýoussa: Pythágora, Tel./Fax 2273-061 826, günstig.
Kleine Familienpension mit 8 geräumigen Zimmern. Saubere Bäder, aber nicht alle mit Balkon. Freundliche Atmosphäre.

Filoxenía: Odós Polykrátis, Tel. 2273-061 055, Fax 2273-062 283, günstig.
Der freundliche Panagiótis vermietet 10 geräumige Zimmer mit hellen Holzmöbeln. Saubere kleine Bäder, Balkone mit Bergblick. Gemeinschaftsküche für Gäste, Geschirr wird vom Personal gespült! 150 m zum Strand.

Tsampíka: 1 Kontáxi, Tel. 2273-061 642, günstig.
Eine der vielen Familienpensionen im Viertel. Neueres gepflegtes Haus, freundlicher Empfang. 8 Zimmer mit Bad und Balkon.

Dolphin: Ecke Paralía/Agíou Nikoláou, Tel. 2273-087 840, 2273-087 850, Fax 2273-61 842, moderat.
10 hübsche Zimmer mit nagelneuer Ausstattung und viel hellem Holz. Bäder sehr klein, aber sauber. Alle Zimmer mit Kühlschrank, Telefon, TV, Klimaanlage und einem wunderschönen Hafenblick vom Balkon. Freundliche Besitzer.

Zorbá: Dámous, Tel. 2273-061 009, Fax 2273-061 012, moderat.
Andréas Mathios vermietet in sei-

nem kleinen Familienhotel 12 große Zimmer mit Marmorböden, hübscher Frühstücksterrasse und tollem Blick über die Stadt. Saubere Bäder und tägliche Reinigung.
Lábito: 1 Dimitríou Rafália, Tel. 2273-061 572, 2273-061 086, Fax 2273-061 085, teuer.
Nobelste Adresse in diesem Teil der Stadt, direkt neben der byzantinischen Mauer. Nüchterne Eingangshalle mit Frühstücksraum. 60 hübsche, geräumige Zimmer mit blauen Betten, Telefon, Klimaanlage, Radio, Haartrockner und Seife. 50 m zum Strand.

außerhalb
Fíto Bungalows: etwa 1 km außerhalb Richtung Iréo am Potokáki-Strand, Tel. 2273-061 314, 2273-061 582, Fax 2273-062 045, moderat.
75 gut eingerichtete Zimmer mit Telefon, Klimaanlage und Meerblick. Deutschsprachiger Service, April–Okt. geöffnet. Das Restaurant serviert samiotische Küche nach alten Hausrezepten im hübschen Garten. Hinter dem Hotel liegt ein idyllischer See. Die **Beach-Cantina** der Anlage (gute Preise) ist auch für hotelfremde Gäste zugänglich. Es gibt Snacks, Kaffee und Erfrischungen.
Protéas Bay: knapp 2 km außerhalb in Richtung Vathí, Tel. 2273-062 144, Fax 2273-062 620, proteas@gemini.diavlos.gr, teuer.
Das luxuriöseste Hotel der Insel besteht aus dem Hauptgebäude mit exklusiven Zimmern und Suiten, 72 Bungalows mit allem Komfort und einem Freizeitkomplex am eigenen Strand. Meerblick von allen Zimmern. Restaurant, Beachbar, Tennis- und Volleyballplatz, Tischtennis- und Fitnessraum, Pool und Kinderpool sowie Konferenzraum für 150 Personen. Zuvorkommender, deutschsprachiger Service. April–Okt.
St. Nicholas: Mykáli Beach, Tel. 2273-025 230, Fax 2273-28 522, www.saintnicholas.gr, teuer.
Kinderfreundliches Oberklassehotel mit 56 geräumigen Zimmern mit Bad, Balkon, Telefon, Radio und Klimaanlage. Pool, Bar und Restaurant im Hotel. Eigener Strandabschnitt mit Beach-Bar, Umkleidekabinen und Wassersportverleih, auch für Hotelfremde. Kostenloser Shuttle-Bus nach Pythagório und Vathí. An der Rezeption wird Deutsch gesprochen.

Aphrodíte: Pythágora, Tel. 2273-061 672, tgl. 12–15, 18–1 Uhr.
Romantische Gartentaverne unter Orangen-, Zitronen- und Granatapfelbäumen. Breite Auswahl an hausgemachten Gerichten aus verschiedenen Regionen Griechenlands. Tipp sind die Lammspezialitäten und die Kichererbsenkroketten. 30 Vorspeisen zur Auswahl! Große Portionen.

›Várka‹

Herrliche Lage auf dem Kai mit Blick auf die Stadt und aufs Meer. Spezialitäten sind Oktopus-Stifádo, Shrimps-Saganáki, Revithokefthédes, Fischfilet in Knoblauchsauce und Gávros. Bei Michális gehen auch die Einheimischen essen. Moderate Preise. Auf der südlichen Hafenmole, Tel. 2273-061 088, tgl. ab 11 Uhr.

Stadt des antiken Herrschers Polýkrates – Pythagório

Dolíchi: 13 Melissoú, Tel. 2273-061 764, tgl. 18–0 Uhr.
Nobeladresse. Stilvoll mit Kunstgegenständen eingerichteter Raum, außen kleiner Balkon mit einigen Tischen. Kreative, mediterrane Küche mit traditionellen und modernen Elementen nach dem Motto ›Klasse statt Masse‹. Nur hochwertige Zutaten und Weine. Halbjährlich kommen neue Gerichte auf die Karte, ganzjährig offen. Teuer, aber der Qualität angemessen.

Esperides: Despóti Kyríllou, Tel. 2273-061 480, tgl. 18–0 Uhr.
Beliebt und gut. Eine typische Gartentaverne mit reicher Auswahl an Gerichten, vor allem Fleischspezialitäten. Beilagen nach Wahl, zuvor gibt's oft einen Oúzo. Täglich wechselnde Empfehlungen.

Fáros: Rematákia-Strand, Tel. 2273-062 464, tgl. ab 9 Uhr.
Familientaverne mit traditioneller samiotischer Küche. Empfehlenswert sind die Fisch- und Fleischplatten sowie die verschiedenen Salate. Offener Wein der Insel. Schöne Atmosphäre direkt am Meer. Mi, Fr und Sa abends in der Saison ab 21 Uhr Livemusik.

Palládion: Lykoúrgou Logothéti, Tel. 2273-062 081, tgl. 12–15 und ab 18 Uhr.
Schöner ruhiger Innenhof mit Gartenatmosphäre. Gute Auswahl an griechischer und internationaler Küche. Tipp sind die Filet-Steaks. Sámos-Wein vom Fass, griechische Musik. Gehobenes Ambiente.

Pizza La Strada: Metamórphosi Sotíri, Tel. 2273-062 108, tgl. ab 19 Uhr.
Beste Pizzeria auf der Insel. Sehr dünner Teig und reich belegte Pizzen aus dem Holzofen. Hochwertige Zutaten, auch bei den guten Spaghetti-Gerichten. Plätze in einem kleinen grünen Garten nebenan. Chefin Anne-Marie aus Holland spricht sehr gut Deutsch.

Symposium: Platía Iríni, Tel. 2273-061 938, tgl. 12–15, 18–1 Uhr.
Gartentaverne mit großer Auswahl an Vorspeisen und griechischen Gerichten. Besonders empfehlenswert: Lammgerichte nach samiotischer Bauernart und Fisch der Saison. Freundlicher schneller Service, Plätze im weinüberrankten Innenhof, Preise im Rahmen.

Tarsanás: Platía Tarsaná am Westende der Uferstraße, Tel. 2273-062 043, tgl. 10–0 Uhr.
Tische auf der Hafenmole und dem schmalen Kiesstrand. Solide griechische Küche ohne Schnickschnack, vor allem Grillgerichte.
Várka: s. Kasten S. 64.
Viva: westliche Paralía, Tel. 2273-061 937, tgl. ab 18 Uhr.
Italienische Spezialitäten: Rigatoni-Pasta mit Fleisch, Hühnchen Italiano, Spaghetti, Tagliatelle, Tortellini, viele Vorspeisen und Salate. Ein Tipp ist auch das gefüllte Pfeffer-Steak. Wirt Andréas ist ein Unikum. Warme Küche bis 6 Uhr morgens!

Die Einkaufsstraße von Pythagório ist die **Lykoúrgou Logothéti.** Hier und in einigen Seitenstraßen befinden sich fast alle Läden der Stadt.

Moní Spilianís

Die Klosterkirche liegt unweit von Pythagório am Fuße des Berges Ámpelos. Doch ist es vor allem die Höhle, die die vielen Besucher anzieht. Gegen Ende des 16. Jh. sollen hier zwei Ikonen Wunder bewirkt haben. Üblicherweise werden in Griechenland an solch bedeutenden Orten Kirchen errichtet – so auch hier mitten in der Grotte, die eigentlich nur ein Steinbruch aus der Antike ist. Dennoch ist es ein sehenswerter Ort mit ganz eigenem Charakter.

Ctissíla: Lykoúrgou Logothéti.
Souvenirladen. Hübsche Ölgemälde des relativ unbekannten Malers Spámos mit Motiven aus Pythagório und Sámos-Stadt.
Louloúrgas: Metamórphosis Sotíros. Tel. 2273-062 091, tgl. 9–14 und 15–21 Uhr.
Ioánnis Louloúrgas baut Musikinstrumente: Bouzoúki, Baglamás und Tzourás – garantiert nur Einzelstücke. Er verkauft auch Keramik, Olivenseife und Kräuter.
Smilí: Metamórphosis Sotíros. Tel. 2273-061 738.
Steinmetz Geórgios Papagrigoríou Nikoláou bearbeitet Steine aus dem Meer und fertigt daraus Kerzenständer, Schmuck, Büsten, Uhren. Sehr schöne Stücke.

Lábito: Georgiadi, im Hochsommer tgl. ab 23 Uhr, Eintritt ca. 5 €, inkl. 1 Drink.
Älteste Disco der Stadt. Wechselndes Musikprogramm je nach Publikum: von Rock über Techno bis zu moderner griechischer Musik.
Neféli Bar: an der östlichen Paralía, Tel. 2273-061 719, nefelibar @nefelibar.gr, tgl. ab 8 Uhr.
Café mit Internet-Zugang. Ausgezeichnete Drinks und vorzügliche Cocktails. Surfen nur von 11–20 Uhr möglich.
Pégasus: neben den Römischen Thermen, Tel. 2273-062 257, tgl. ab 10 Uhr.
Etwa 5 Min. von der Stadt entfernt. Boss ist der notorisch gut gelaunte Leftéris. Es gibt Kleinigkeiten zu Essen, Salate, viele verschiedene Weine, Bier, Drinks, Eis und Cocktails. Immer gute Stimmung, griechische Musik und günstige Preise.
Zéphyros: Paralía, tgl. ab 7 Uhr.
Mit Palmen und kleinen Bäumen hübsch begrünte Café-Bar mit Hafenblick. Frühstück ab 7 Uhr. Am

Kühle Drinks lässt man sich in den Cafés an der Paralía schmecken

Abend leckere Cocktails und Fassbier. Griechische Musik, freundlicher schneller Service. Preise ok.

Fest des hl. Johannes (24. Juni) auf der zentralen Platía Iríni. **Fischerfeste** (im Hochsommer, in unregelmäßigen Abständen) in der Uferstraße und am kleinen Fischerhafen. Wettschwimmen im Hafenbecken zum Gedenken an den **griechischen Freiheitskampf** am 6. Aug.

Inselbusse: Haltestelle an der Ecke Polýkrates/Lykoúrgou Logothéti. Hier ist auch der Fahrplan ausgehängt. Die Linie Sámos-Stadt – Pythagório ist die meistbefahrene Strecke der Insel. Je nach Saison Mo–Fr 8–14 x, im Hochsommer fast stündlich. Sa je nach Saison 4–6 x tgl. alle 2 Stunden, So: im Hochsommer 4 x tgl., während der Nebensaison keine Verbindungen. Die meisten Fahrten folgen der Rundlinie Sámos-Stadt – Pythagório – Chóra – Mytiliní – Sámos-Stadt. Es gibt auch Verbindungen weiter nach Iréo (Mo–Fr 2–5 x tgl.), über Marathókampos und Votsalákia nach Drakéi (Mo–Fr 1–2 x tgl.) sowie nach Karlóvassi via Pírgos und Koumaradéi (Mo–Fr 1–3 x tgl.).
Tragflügelboote: Flying Dolphins nach Sámos-Stadt, s. S. 68.
Yacht-Charter Kühn & Nikolaidis: Lykoúrgou Logothéti, Tel. 2273-062 224, 2273-061 334, Fax 2273-062 246, 2273-062 264. In Deutschland: Sonnenstr. 5, 75181 Pforzheim, Tel. 07231/ 56 30 73, Fax 56 74 12.
Das freundliche deutsch-griechische Ehepaar Kordula und Tássos verleihen 37- bis 45-Fuß-Yachten ohne Skipper. Abholservice vom Flughafen, gute Bootsversicherung, Preise auf Anfrage.
Mietfahrzeuge: Nicos Rentals, Lykoúrgou Logothéti 40, Tel. 2273-061 094, Fax 2273-061 282, Mob. 6974-840 060, www.nicos-rentals.gr.
Autos, Zweiräder und Mountainbikes aller Klassen, gute Vollkaskoversicherung und ehrliche Preise. Zuverlässige Mitarbeiter, Bring-Service zum Hotel. Chef Sandy Nieuwenhof spricht vorzüglich Deutsch.

Sámos-Stadt (Vathí)

Lage: K 4
Einwohner: ca. 9000
Extra-Tour 1: S. 84/85

In Sámos-Stadt, oft auch Vathí genannt, schlägt das Herz der Insel. Die Hauptstadt ist aber keineswegs das touristische Zentrum von Sámos. Hier pulsiert vielmehr das geschäftige Alltagsleben, das auch ein gutes Stück vom Hafenbetrieb bestimmt wird. Sámos ist eine interessante und lebendige Stadt, nicht so hektisch wie andere Inselhauptstädte und durch seine Lage an einem Hang hübsch anzusehen. Eigentlich besteht Sámos aus drei Teilen: dem Hafen- und Paralía-Gebiet mit den meisten touristischen Einrichtungen, den Wohngebieten in den äußeren Bezirken und der hoch am Hang gelegenen Altstadt Áno Vathí.

Wie so oft ist die Uferstraße (Paralía) die Flaniermeile. Hier reiht sich ein Café an das nächste, und selbst in der Nebensaison herrscht hier bis in den frühen Morgen hinein Trubel. Dahinter verlaufen die beiden Fußgängerzonen Lykoúrgou Logothéti und Kapetán Stamáti, nur durch die seit 2000 nicht mehr befahrbare Platía Pythágoras getrennt. Obwohl es in der Umgebung Vathís keinen guten Strand gibt, quartieren sich viele Besucher in den zahlreichen Hotels und Pensionen der Stadt ein. Das mag an der Infrastruktur und dem reichen kulturellen Angebot des größten Inselortes liegen. In Sámos-Stadt lässt es sich gut ein paar Tage aushalten.

Áno Vathí: der höher gelegene Teil der Stadt, südlich zwischen zwei sanften Hügelkuppen. Hier wurden im 17. Jh., als es wegen der Seeräuber zu gefährlich war, auf Meereshöhe zu siedeln, die Ursprünge der Stadt gelegt. Erst sehr viel später dehnte sich die Stadt hinunter zum Wasser hin aus. Áno Vathí hat heute fast dörflichen Charakter: traditionelle Bauweise, gepflasterte Gassen, oft von Treppen unterbrochen, bunte Fensterläden und Erker, Blumenkübel an jeder Ecke und ein paar hübsche Kirchen. In den kleinen Kafenía sitzt man gemütlich nach einem ausgedehnten Bummel durch den malerischen Ortsteil.

Katholische Marienkirche: 17 Th. Soufoúli, etwa auf der Hälfte der Uferstraße zwischen der Platía Pythágoras und dem Hafen. Das hellbraune Gebäude ist genauso verwittert wie die Madonnenstatue hoch oben im Glockenturm. Besichtigungen über die katholische Kirchengemeinde. Kontaktpersonen: Jacob Fóscolos (Tel. 2273-028 282) und Stamátis Tsolakákis (Tel. 2273-023 835).

Kirche Ágios Nikólaos: keine 100 m hinter der Nordecke der Platía Pythágoras auf der Platía Nikoláou. Hier liegt die vormittags und abends geöffnete Mitrópolis. Die Hauptkirche der Stadt präsentiert sich in reicher Ausstattung mit einer großen, goldverzierten Altarwand sowie neuen Wandfresken und einer mit bunten Mustern verzierten hohen Decke.

Kirche Ágios Spyrídon: direkt hinter Stadtpark und Rathaus, meist vormittags geöffnet. Eine sehr hohe Kirche mit riesigen Kronleuchtern und einer Altarwand aus dunklem Holz. Zweitwichtigste Kirche der Stadt, mit viel Marmor erbaut, mit Blattgold verziert und einem Bildnis des Pantókrators in der hohen Kuppel.

Platía Pythágoras: an der Uferpromenade. Die Platía Pythágoras ist das Zentrum der Stadt, 2000 neu gepflastert und von großen Palmen gesäumt, tagsüber Ort geschäftiger Verhandlungen, abends Treffpunkt der einheimischen Jugend und natürlich Teil der Flaniermeile. Über allem thront ein marmorner Löwe, der an den griechischen Freiheitskampf gegen die Türken erinnert und 1930 hier aufgestellt wurde. Eine Pythágoras-Statue sucht man hier vergeblich. Die steht am Hafen von Pythagório (s. S. 60ff.).

Stadtpark: vor dem Archäologischen Museum und dem Rathaus. Der Park ist ziemlich klein, kaum größer als so mancher private Garten, und ein ruhiges Plätzchen mitten in der Stadt mit großen Büschen und hohen Bäumen. Die Anlage entstand im 19. Jh. als Garten eines Palastes, der im Zweiten Weltkrieg zerstört wurde. Das kleine Café im Stadtpark ist empfehlenswert.

Kioske

Eine Flasche Wein, eine Telefonkarte, ein Feuerzeug oder eine Haarspange – und das um Mitternacht? Kein Problem. An nahezu jeder Straßenecke gibt es ein *períptero,* einen bunten Kiosk, der fast rund um die Uhr geöffnet hat. Die Besitzer haben ein erstaunlich breites Sortiment im Angebot – in einem nur von ihnen zu überschauenden Chaos. Hier gibt es so ziemlich alles, was man zum Leben braucht.

Rathaus: gleich hinter dem Stadtpark. Das Rathaus ist nicht zu besichtigen, aber historisch wichtig. In dem kürzlich restaurierten Gebäude tagte die autonome Nationalversammlung der Insel Sámos von 1834 bis zum Anschluss an Griechenland im Jahre 1912.

Archäologisches Museum: am Stadtpark, Di–So 8–14.30 Uhr, Eintritt 3 €, ermäßigt 2 €, Fotografieren erlaubt. Internet: www.culture.gr/2/21/211/21121m/e211um05.html
Das Archäologische Museum von Sámos-Stadt gehört zu den bedeutendsten in ganz Griechenland. Leider sind aber wichtige Teile der Sammlung seit einigen Jahren nicht mehr zugänglich. Die wichtigsten Ausstellungsstücke befinden sich heute im Neubau: die im Heraíon-Bezirk gefundene Genéleos-Gruppe und natürlich der knapp 4,80 m hohe Koúros aus Marmor. Rundgang im Museum s. Extra-Tour 1, S. 84/85.
Byzantinisches Museum: Odós Manólis Kalomíris, soll 2003 wieder eröffnet werden.
In einem Nebengebäude der bischöflichen Verwaltung werden sakrale Kostbarkeiten (15.–19. Jh.) ausgestellt. Zu sehen gibt es vor allem Ikonen und Gewänder sowie Gefäße, reich verzierte Bücher und andere Kunstgegenstände.

In der Hafenbucht empfiehlt es sich nicht zu baden. Ein Blick ins Wasser genügt, und man nimmt ganz von selbst Abstand davon. Der nächste brauchbare Strand liegt knapp 2 km nördlich des Hafens. Der **Gángou-Strand** ist über die Straße am Hospital vorbei problemlos zu erreichen. Besser ist es, mit dem Bus an den **Strand von Kokkári** oder an die **Südküste** zu fahren.

Physiotherapie: Die deutsche Physiotherapeutin Antje behandelt engagiert mit Krankengymnastik, Lymphdrainage, Massagen und osteopathischen Anwendungen. Hotelbesuch bei Akutbeschwerden möglich. Tel. 6946-589 737.

Agía Paraskeví: Vom Hafen aus führt eine Straße vorbei am Hospital, an der Hotelsiedlung Kalámi nordwestlich und dann um das Kap Kótsikas herum. Die Strecke zur Agía Paraskeví ist zu Fuß zu weit, mit Fahrrad oder Mofa hingegen eine schöne Tour. Gegen Ende der Strecke werden die Strände deutlich besser. Kulturbesessenen ist der Ausflug nicht zu empfehlen: Das auf halbem Weg liegende Kloster **Panagía Kótsika** befindet sich in Militärbesitz und ist genauso verschlossen wie die Kirche Agía Paraskeví am Ende der Straße.

Profítis Ilías: Von dem kleinen blau-weißen Kirchlein Profítis Ilías bietet sich ein herrlicher Blick auf Sámos-Stadt und die vorgelagerten Inseln der Nordküste. Doch der Weg hinauf ist beschwerlich. Entweder wagt man den schweißtreibenden Aufstieg auf etwa 320 Höhenmeter zu Fuß, oder man wählt eine katastrophale Schotterpiste, die kurz vor Agía Paraskeví rechts abzweigt (beschildert). Die Kirche selbst ist innen eher unspektakulär, von außen aber ein hübsches Fotomotiv.

Vlamári-Hochebene: Östlich der Stadt schließt sich eine sanfte Hochebene an, die früher intensiv landwirtschaftlich genutzt wurde. Heute entstehen hier immer mehr Wochenendhäuser wohlhabender Städter, die in Vlamári einen kleinen Gemüsegarten betreiben und ein paar Hühner halten. Über Áno Vathí führt eine Asphaltstraße hinauf in den kleinen Weiler **Kamára.** Im Estiatório Kamára an der Durchgangsstraße servieren die freundlichen Wirtsleute u. a. leckere Vorspeisen und die viel gelobte Moussaká. Von der Sonnenterrasse hat man einen herrlichen Blick über Vlamári und auf die Klöster.

Weiter geht es auf über 300 Höhenmeter zum **Kloster Zoodóchos Pighí** (tgl. 7–13, 16–20 Uhr). Die sehenswerte Anlage wurde 1756 gegründet und macht von außen einen wehrhaften Eindruck. Ein älterer, freundlicher Mönch öffnet das Tor, und man gelangt durch einen Vorraum in die eigentliche Klosterkirche mit einer imposanten, handgeschnitzten Altarwand aus dunklem Holz. Am Südende der Vlamári-Hochebene liegt noch ein weiteres Kloster, versteckt hinter Bäumen

Hier gibt es (fast) alles – der Kiosk *períptero)*

unscheinbar an der Straße: **Agía Zóni** (tgl. 7–13, 16–20 Uhr). Dieses Kloster ist etwa 60 Jahre älter als Zoodóchos Pighí, aber seine Altarwand ist nicht so prächtig. Die Fresken sind stark verwittert.

E.O.T.-Büro: 4 Odós 25 Martíou, Mo–Fr 9–14 Uhr, Tel. 2273-028 530, 2273-028 582. Die Beratungsqualität ist stark mitarbeiterabhängig, und der Service könnte freundlicher sein.

Ship Travel: 1 Th. Soufoúli, Tel. 2273-022 116, 2273-022 118, Fax 2273-028 570, nkatr@gemini.diavlos.gr, tgl. 4–23 Uhr. Schiffsauskünfte und -tickets für Fähren und Flying Dolphins, Gepäckaufbewahrung (gratis), Hotelvermittlung, Autovermietung, Exkursionen nach Pátmos und in die Türkei. Hilfsbereit. Die Angestellte Stélla spricht auch etwas Deutsch.

Nautica Travel: 9 Th. Soufoúli, Tel. 2273-025 133, Fax 2273-025 135.
Agentur für das Schnellboot ›Aéolos Express‹ der NEL-Lines. Fast tgl. in ca. 5 Std. nach Piräus.
Hafenamt: 1 Eleftherías, Tel. 2273-027 318, 2273-028 888.

Ártemis: 4 Kontáxi, Tel./Fax 2273-027 792, günstig.
Zentral an der Platía Pythágoras gelegen. Die freundliche Familie vermietet 15 Zimmer, alle mit Bad. Schlichte, aber saubere Räume.
Avlí: 2 Aréos, Tel. 2273-022 939, Mitte Mai–Okt., günstig.
Spíros, ein Rechtsanwalt aus Athen, vermietet im Sommer Zimmer in dieser ehemaligen Klosteranlage. Wunderschöner begrünter Innenhof mit Arkaden. Zimmer mit und ohne Bad. Nicht Komfort, sondern Atmosphäre wird hier groß geschrieben. Auch in der Nebensaison ist Vorbestellen nötig.
Bella Vista: Gángou Beach, 40 Kalistrátou, Tel. 2273-027 660, günstig.
Cleópatra vermietet 16 hell eingerichtete Zimmer mit Meeresblick-Balkon, Bad, Kühlschrank und Deckenventilator. Garten am Haus, ein paar Stufen hinunter Zugang zum Meer. Frühstück auf Anfrage. 10 Min. Fußweg zum Hafen.
Dreams: 9 Aréos, Tel. 2273-024 350, 2273-023 037, günstig.
Der freundliche Kóstas vermietet 7 Zimmer im Haus seiner Familie. Alle Räume mit Bad, Kühlschrank, Klimaanlage, Kaffeemaschine, TV und Heizung für den Winter. Sehr ruhige Lage am oberen Ende einer steilen Treppengasse. Schönes separates Dachstudio mit riesigem Dachgarten. Das ganze Jahr über geöffnet.
Galaxy: 1 Agéou, Tel. 2273-022 665, 2273-022 666, moderat.
43 Zimmer mit weißen Möbeln, Teppichböden, Telefon und Radio. Die Balkone sind leider klein, die Bäder sind es ebenfalls, dafür sauber. Swimmingpool und Pool-Bar im Garten. Frühstück auf Wunsch.
Sámos: 11 Th. Soufoúli, Tel. 2273-028 377, Fax 2273-023 771, teuer.
Ohne Zweifel eine der nobelsten Adressen der Stadt, die viel fürs Geld bietet: 105 Zimmer mit Bad, Balkon (mit tollem Buchtblick), Heizung, Deckenventilator, Telefon und TV. Roof-Garden mit Swimmingpool, Pool-Bar und Restaurant, unten an der Uferstraße liegt eine beliebte Bar. Zuvorkommendes Personal.

Chrístos: Platía Agíou Nikoláou, Tel. 2273-024 792, tgl. ab 17 Uhr.
Die Taverne hat Museumscharakter: Der Besitzer hat allerlei alte Sammlerstücke an die Wände gehängt. Fantasievolle Küche. Emp-

›Kotópoula‹

Eine der ältesten Tavernen der Stadt. Der Name verrät die Spezialität des Hauses: Hühnchen. Ansonsten gibt es leckere, mit inseleigenen Kräutern gewürzte Fleischgerichte. Leider direkt an der Straße, aber die gute Küche entschädigt für den Lärm. Viele einheimische Gäste; Preise ok. Mikális, Richtung Áno Vathí, Tel. 2273-029 347, tgl. ab 11 Uhr.

Über allem thront der marmorne Löwe – Platía Pythágoras

fehlenswert: gefüllte Weinblätter, Thunfischgerichte und die Suppen.

Gregory: 10 Smírnis, Tel. 2273-022 718, tgl. ab 11 Uhr.
Die alte Taverne direkt an der Straße ist zwar etwas laut, dafür ist das Essen umso besser. Viele einheimische Gäste.

Kotópoula: s. Kasten S. 72.

La Calma: 7 Chr. Kefalopoúlou, Tel. 2273-022 654, tgl. ab 19 Uhr.
Breite Auswahl an internationalen Gerichten. Spezialitäten des Hauses sind Rinderfilet, gefüllte Weinblätter, Tsatzíki, Moussakás. Schöne Hochterrasse mit super Blick auf den Sonnenuntergang über der Bucht. Freundlicher, Deutsch sprechender Service, gute Preise.

Pétrino: 2 G. Sotiríou, Tel. 2273-024 555, tgl. ab 18 Uhr.
Janne aus Dänemark und ihr griechischer Ehemann servieren in ihrer ruhigen Gartentaverne u. a. leckere Lammgerichte vom Grill und aus dem Ofen und gefüllten Tintenfisch. Große Vorspeisen- und Dessertauswahl, Fasswein. Angenehme Atmosphäre, gute Musik.

Pizza Di Napoli: 31 Th. Soufoúli, Tel. 2273-027 161, tgl. ab 11 Uhr.
Pizza und Spaghetti im italienischen Stil und traditionelle griechische Küche. Jeden Tag 10 wechselnde Gerichte, auch gutes Angebot an Fisch. Viele Vorspeisen und Desserts. Nach dem Essen gibt's einen Kaffee gratis. Gemütlich eingerichtet, guter Service und Sámos-Wein vom Fass.

The Garden: 1 Manólis Kalomíris, Tel. 2273-024 033, tgl. ab 10 Uhr.
Bei Thanásis sind die Lammgerichte aus dem Ofen immer einen Besuch wert. Außerdem gute Stifádo, Gyros-Platten vom Schwein oder Huhn sowie selbstgemachte Dolmadákia. Sámos-Wein vom Fass und 1 x die Woche Livemusik.

To Deíli: 36 Vathéo, am Eingang von Áno Vathí auf der rechten Seite, Tel. 2273-024 902, tgl. 9–24 Uhr.
Hübsches, ruhiges Plätzchen, um den Sonnenuntergang im Kólpos Vathéos zu genießen. Leckere Mezé, Oktopus, Tsatsíki, dazu samiotischen Wein und Oúzo. Chefin Tzéni spricht Deutsch.

To Kalámi: 101 Kalistrátou, Tel. 2273-022 126, tgl. ab 11 Uhr.

Blau-weiße Entdeckung in den Gassen von Vathí

Schöne Vorspeisen-Auswahl, z. B. mit Käse gefüllte Paprika. Spät am Abend gibt es *mikrí mezé,* Schweinegulasch in Paprikasauce, das als ›Snack für Betrunkene‹ gilt.

Sámos-Stadt ist das Shopping-Paradies der Insel. Hier wird, verteilt auf die Uferstraße und die beiden Fußgängerzonen, alles Notwendige angeboten.

Fotos und Souvenirs

Kalogeris: 28 Platía Pythágoras.
Masse statt Klasse, dafür günstig. Einer der größten Souvenirläden der Insel.

Olga: 5 G. Kateváni.
Etwas teurere, dafür exklusive Mitbringsel, gute Auswahl an Glas und Vasen.

Sámos Photo Center: 3 Platía Pythágoras.
Filmmaterial, Spiegelreflexkameras, Filter und Zubehör. Dazu kleine Reparaturen und Bildentwicklung im Stunden-Dienst (keine Dias).

Super Music: 28 Lykoúrgou Logothéti. CD-Shop.

Klamotten und Schmuck

Aiónes: 202 Neápoleos, Tel. 2273-028 121.
Alle möglichen Antiquitäten und jede Menge Trödel. Sehenswert.

Arbanítou: 23 Kapetán Stamáti.
Ikonen sowie Glas zur Zierde und für den Haushaltsgebrauch.

Art Time: 11 Kapetán Stamáti.
Silberschmuck und Uhren.

Cactus: 36 Kapetán Stamáti.
Blusen, Hemden, Tücher, Taschen, Haarbänder, Schlüsselanhänger, indianischer Schmuck u. a.

Konstantákis: 39 Lykoúrgou Logothéti.
Gold- und Silberschmuck gehobener Qualität, byzantinische Ikonen und Zinngegenstände. Einer der ältesten Juweliere der Stadt.

Mákis: 23 Platía Pythágoras.
Lederwaren, Schmuck, Uhren, Ikonen und Vasen. Teuer, freundlich.

Sámos Gold: 3 Pindárou.
Einzige Gold-Werkstatt auf der Insel. Außergewöhnlicher, selbst gefertigter Schmuck mit Zertifikat.

Das Nachtleben von Sámos-Stadt konzentriert sich auf die Uferstraße zwischen Platía Pythágoras und Hafen. Bars sind den ganzen Tag geöffnet – mit *open end.*

Café Europa: 41 Th. Soufoúli, neben der Landwirtschafts-Bank.
Gute Adresse für ein gemütliches Glas Wein oder einen Cocktail: angenehme Musik, gute Drinks und *mezé,* freundliche Bedienung und faire Preise. Spät am Abend bei den Einheimischen beliebt.

Café Marin: 57 Th. Soufoúli.
Die Disco ist an der Uferstraße eine Institution: immer proppenvoll, hohe Fonstärken. Vor allem bei der einheimischen Jugend und den Soldaten beliebt.

Diávlos: 169 Th. Soufoúli, Tel. 2273-022 469, diavlos@diavlos .gr, tgl. 10–23 Uhr, im Hochsommer rund um die Uhr.
Internet-Café und einer der größten Provider in Sámos. 1 Std. kostet ca. 3 €. Außerdem gibts Kaffee, Säfte, Drinks und Eis.
Jackson's: Platía Agíou Nikoláou. Gute Rock-Musik aus den 70er und 80er Jahren. Billard im Obergeschoss. Sehr beliebt.
Médousa: 29 Th. Soufoúli, neben dem Gerichtsgebäude. Cocktail-Bar und Musik-Café. Bequeme Korbsessel unter einem Sonnendach. Pop-Musik. Beliebt bei jüngerem Publikum.
Skalinó: 19 Th. Soufoúli. Gemütliche Café-Bar, meist englische Pop- und Rock-Musik, Publikum überwiegend mittleren Alters.

Mit dem Esel auf dem Weg nach Áno Vathí

Während des griechischen Urlaubsmonats Aug. werden in Sámos-Stadt mehrere **Weinfeste** gefeiert.

Stadtbusse: gibt es nicht. Nach Áno Vathí muss man den Inselbus Richtung Pythagório nehmen.
Inselbusse: Sámos-Stadt ist der zentrale Knotenpunkt für den gesamten Busverkehr auf der Insel. Der Busbahnhof liegt an der Ecke Lekáti/Kanári, unweit der Uferstraße. Von hier aus fahren die Busse fast in jedes Dorf der Insel. Die häufigsten Verbindungen bestehen mit Pythagório, Kokkári, Karlóvassi, Chóra, Mytiliní und Ágios Konstantínos: Mo–Fr etwa 5–14 x tgl., Sa und So eingeschränkter Busverkehr. Gut zu erreichen sind auch Iréo (Heraíon), Vourliótes, Mýli und Pagóndas: Mo–Fr 3–5 x tgl., Sa und So seltener. Deutlich weniger Verbindungen führen nach Marathókampos, Órmos Marathokámpou, Votsalákia, Kallithéa und Drakéi: Mo–Fr 1–2 x tgl., Sa und So nur im Hochsommer. Fahrpläne liegen als Kopien im Büro der Busgesellschaft K.T.E.L. aus. Eingang: 6 Lekáti, Tel. 2273-027 262.
Ausflugsschiffe: Die meisten Schiffe starten von Pythagório. Von Sámos-Stadt werden in der Nebensaison nur Türkeiausflüge angeboten, im Hochsommer auch Ausflüge nach Pátmos (s. Extra-Tour 5, S. 92/93) und auf die vorgelagerte Insel Samiopoúla. Infos gibt es in allen Reisebüros.
Fähren: Sämtliche Fähren auf der Kykladen-Piräus-Linie machen kurz im Hafen von Karlóvassi Halt. Dazu kommen noch diverse Kleinfähren, die weiter Richtung Chíos, Foúrni und Ikaría via Karlóvassi fahren. Je nach Saison gibt es 2–4 Seeverbindungen zwischen Sámos/Stadt und Karlóvassi. Die meisten Abfahrten Richtung Karlóvassi starten um 16 Uhr im Hafen

Sámos-Stadt. Die Fahrtzeit beträgt ca. 75 Min., Fahrpreis ca. 3 €

Tragflügelboote: Viele Dodekanes-Inseln werden von Sámos/Stadt per Flying Dolphin angefahren. Fast alle Dolphins stoppen kurz in Pythagório, das insofern auch über den Seeweg von Sámos-Stadt zu erreichen ist. Fahrtzeit ca. 35 Min, deutlich teuerer als die regulären Fähren.

Mietfahrzeuge:

Rhenia Motorbike/Samorama Car: 15 Th. Soufoúli, Tel. 2273-023 811, 2273-088 800, Mob. 6977-615 357, info@rhenia.gr, kouros2@otenet.gr.
Bikes von 50–500 ccm und Autos vom Kleinwagen bis zum Jeep. Vollkaskoversicherung und Straßenservice überall auf der Insel. Rabatte ab mehreren Tagen Mietdauer. Deutschsprachige Mitarbeiter.

Giannis: Lykoúrgou Logothéti, Tel. 2273-023 756, Mob. 693-265 06 43.
Spezialist für Mountainbikes, auch spezielle Maschinen für absolute Freaks und Reparaturservice für fremde Räder.

Taxi: Hauptstandplatz an der Platía Pythágoras, Tel. 2273-028 404.

Votsalákia (Kámpos)

Lage: C 5

Der heute als Votsalákia bezeichnete Touristenort heißt im offiziellen Amtsgriechisch Kámpos-Marathókampos. Votsalákia ist eigentlich nur der kleine Bereich rund um das Hotel Votsalákia Plaz, doch hat sich der Name heute für den gesamten Küstenabschnitt durchgesetzt. Die meisten Häuser sind sehr jungen Datums und erst im Zuge des modernen Fremdenverkehrs errichtet worden. Noch in den 1970er Jahren konnte man die Hotels an einer Hand abzählen, und die Gegend wurde durch Bauernhäuser und Fischerhütten dominiert. Ursache für den Votsalákia-Boom ist der Strand. Zwar ist er auch mit Kieseln durchsetzt, aber doch auf mehreren Kilometern Länge und bis in die nächsten Buchten von Psilí Ámmos und Limniónas hinein weitgehend sandig. Das ist auf Sámos selten.

Das lang gezogene Straßendorf hat keinen richtigen Ortskern, aber darauf kommt es den Gästen ohnehin nicht an. In Votsalákia ist Relaxen und Flanieren angesagt. Dazu gibt es unzählige Tavernen und Übernachtungsmöglichkeiten entlang der Durchgangsstraße. War es hier vor wenigen Jahren während der Nebensaison noch eher ruhig, ist heute schon ab Mitte Mai deutlich mehr los. Auch das Nachtleben ist in Votsalákia stark im Kommen, doch wer Sehenswürdigkeiten und Museen sucht, ist hier falsch.

Baden und Beaching sind die Hauptttätigkeiten in Votsalákia und in den nahe gelegenen Buchten **Psilí Ámmos** und **Limniónas** (s. S. 50). Das Wasser ist einwandfrei sauber und klar, in Strandnähe relativ flach und daher gut für Kinder geeignet. Wohl kein Hotel des Ortes liegt mehr als 500 m vom Strand entfernt.

Holiday Park: Votsalákia, an der Durchgangsstraße etwa in Ortsmitte, Tel. 2273-037 587, www.samos-samos.com.
Minigolfplatz, Strandbar und deutschsprachiges Kommunikati-

Infobörse und Dorftreffpunkt: das Kafénio in Drakéi

onszentrum in einem. Jürg aus der Schweiz und seine Frau Michaela aus Österreich geben gerne Infos aller Art über die Gegend um Votsalákia. Ihre Minigolfanlage verfügt über 18 Bahnen (Runde für 3 €), und an der Bar läuft stets der Fernseher mit dem Programm der Deutschen Welle. Es gibt einen Billardtisch (3,5 €/Std.) und ein elektronisches Dart.

Kallithéa und Drakéi: Hinter Limniónas führt die Straße wieder landeinwärts. Nach etwa 10 km bergauf über die neue Asphaltpiste erreicht man das alte Dorf **Kallithéa.** Sein Name bedeutet völlig zu Recht ›Schöne Aussicht‹. Die Sonnenuntergänge hoch über der Westküste sind wirklich ein gigantisches Erlebnis. Kallithéa selbst ist ein Ort mit engen Gassen und einigen Kafenía im Zentrum.

Die Straße weiter nach **Drakéi** wurde inzwischen vollständig asphaltiert. In Drakéi ist die befahrbare Bergwelt zu Ende, weiter geht es nur noch zu Fuß. Obwohl es keinerlei Sehenswürdigkeiten gibt, ist der Ort wegen seiner Lage ein beliebtes Ausflugsziel. So bietet der Ort einige Tavernen entlang der Hauptgasse, in denen man vor der Rückfahrt recht gut zu Mittag essen kann: Wer Meeresblick wünscht, sollte **Kóstas Taverne** bevorzugen. Der Wirt spricht etwas Deutsch und begrüßt jeden Gast höchstpersönlich. Die Konkurrenztaverne heißt **Omónia** (›Eintracht‹); dort sitzt man gemütlich unter schattigen Weinreben. Dass sich ausgerechnet hier oben in den Bergen der Dorfschreiner auf den Schiffsbau spezialisiert hat, ist ein weiteres Kuriosum von Drakéi.

Spiliá Pythágora: Die Höhle des Pythágoras befindet sich hoch oben an einer steilen Felswand des Kérkis. Auf halbem Weg zur Höhle liegt die Kapelle **Ágios Theológos,** direkt an der Höhlenöffnung die Kapelle **Genésion tís Theotókou.** Pythágoras soll sich hier oben versteckt haben, bevor er nach Italien emigrierte. Seine Höhle verfügt über zwei mittlerweile durch Barrieren gesicherte Eingänge (keinesfalls weitergehen!). Mit einer guten Taschenlampe sind ein paar Tropfsteine zu sehen. Der Schotterweg von Votsalákia hinauf zur Höhle ist gut beschildert und mit Zweirad oder Jeep befahrbar.

Ein offizielles Informationsbüro gibt es nicht. Im **Holiday Park** bei Michaela und Jürg (s. S. 76) oder in den Büros der **Reiseagenturen** an der Durchgangsstraße nachfragen.

Chrisópetro: gleich das erste Haus am östlichen Ortseingang, Tel. 2273-037 247, 2273-037 248, günstig.
Geräumige Zimmer mit Bad und Balkon, alle sauber und gepflegt, aber die Balkone liegen zur lauten Straßenseite hin.
Panórama: noch vor dem eigentlichen Ortseingang an einer Serpentine der Straße gelegen, Tel. 2273-037 252, günstig.
Vermietet werden mehrere Studios, verteilt auf 2 Häuser am Hang, mit Panoramablick. Alle mit Bad, Balkon und neuer Einrichtung. Ordentlich geführt, nur die Straße stört etwas die Ruhe.
Pelagía: am östlichen Ortseingang, Tel. 2273-033 082, günstig.
Etwas zurückgezogen von der Straße, versteckt in einem Garten mit Palmen und Olivenbäumen. Die Anlage hat 12 Studios, die nicht übermäßig groß, aber gemütlich sind. Kleiner Kinderspielplatz vorm Haus.
Agrilionás Beach: etwa in Ortsmitte in einer Seitengasse, Tel. 2273-037 379, 2273-031 230, Fax 2273-037 096, moderat.
Die Familie Antonakákis vermietet 30 schöne und geräumige, mit dunklen Holzmöbeln eingerichtete Zimmer nahe dem Hauptstrand. Alle mit sauberen Bädern und (fast alle) auch mit Meeresblick-Balkonen.
Áspres: am Ortsende auf der rechten Seite, Tel. 2273-031 258, 2273-037 310, moderat.
Verschachtelte Anlage mit hübsch begrüntem Garten. Zimmer und Studios in unterschiedlicher Größe und Preislage. Beliebt, weil etwas außerhalb des Zentrums und daher ruhiger gelegen.
Sophía: etwa in der Dorfmitte eine Seitenstraße hinein, Tel. 2273-037 035, moderat.
Das doppelstöckige Haus ist ganz in Hell- und Dunkelblau gehalten. Sophía und ihr Mann vermieten 34 Zimmer, die nicht sehr groß sind, dafür aber Balkon haben. Swimmingpool im Garten. Durch die zurückversetzte Lage deutlich ruhiger als an der Durchgangsstraße.
Votsalákia Plaz: an der Durchgangsstraße, Tel. 2273-037 342, 2273-037 355, Fax 2273-037 189, moderat.
Der größte Hotel-Komplex am Ort umfasst das alte Siedlungszentrum von Votsalákia. In der kompletten Feriensiedlung gibt es alles, was das (touristische) Herz begehrt: Zimmer in verschiedenen Größen und Ausstattungen, verteilt auf mehrere Gebäude innerhalb eines großen Geländes. Außerdem Hotel-Taverne, Pool, Bar, Boutique, Juwelier, Souvenirs, Autovermietung und einen privaten Hotelarzt. 20 m zum Strand.
Orphéas: an der Durchgangsstraße im Dorfzentrum, Tel./Fax 2273-037 413, teuer.
Gehört zusammen mit dem Hotel Poseidon und dem Hotel Ánthemis zur Ferienanlage Kámpos Village. Alle 3 Hotels verfügen über eine gemeinsame Rezeption und sind der oberen Mittelklasse zuzuordnen. Verschieden gestaltete

Zimmer je nach Wunsch, mehrere Swimmingpools im Garten und Animationsprogramm für Kinder. Fast ausschließlich Pauschalgäste.

Évinos: an der Durchgangsstraße, Tel. 2273-037 791, tgl. 8–1 Uhr.
Chef Geórgios fischt selbst und bringt immer frische Ware auf den Tisch. Auch Gemüse, Fleisch und Wein produziert er mit seiner Frau Élsa auf der eigenen Farm. Wechselnde Tagesgerichte bei mittlerem Preisniveau. Man sitzt in angenehmer Atmosphäre vor einem hübschen Natursteinhaus.
Kóstas: in zentraler Lage an der Durchgangsstraße, Tel. 2273-031 807, tgl. ab 9 Uhr.
Windgeschütztes Plätzchen in einem mit viel Holz errichteten Haus. Kóstas Mákris öffnet mit mitteleuropäischem Frühstück, später gibt es ein reiches Angebot an griechischen Fleischgerichten vom Grill, Kleftiko und auch sehr gute Mix-Teller. Nach dem Essen immer ein Oúzo, Metáxa oder eine Süßigkeit gratis. Tagesmenüs mit Salat und Wein zum Spezialpreis. Deutschsprachiger Service.
Vangélis: am westl. Dorfende auf der Strandseite, Tel. 2273-037 429, tgl. 8–1 Uhr.
Traditionelle griechische Familientaverne, seit über 25 Jahren hier am Ort. Spezialitäten sind Gerichte aus dem Ofen, Shrimps-Saganáki, Kleftiko und ein sehr leckerer Thunfischsalat. Gemütliches Plätzchen unter Tamarisken am Strand. Gutes Frühstück, günstige Preise.

Cool Cat: an der Durchgangsstraße.
Silberschmuck im individuellen Design, auch mit Halbedelsteinen. Chef Apostólis fertigt auch Auftragsarbeiten in Sterling-Silber und Gold, limitierte Auflagen oder Einzelstücke. Der Laden wird von Ute aus Deutschland geführt.
Diana: an der Durchgangsstraße, gegenüber Taverne Votsalákia.
Vielfältiges Angebot an Lederwaren in allen Ausführungen und Stilen. Die hohen Preise können kräftig runtergehandelt werden.
Katerína: an der Durchgangsstraße, gegenüber Taverne Votsalákia.
Exquisite Boutique, die auch einfache Strand- und Bademoden verkauft.
Keramiká: an der Durchgangsstraße neben Katerína.
Angeboten wird ein buntes Sammelsurium inseltypischer Keramik, insbesondere der Pythágoras-Becher sowie diverse Ziergegenstände in allen Farben und Größen.

Aegean Snack Bar: am Strand am östlichen Ortseingang, tgl. ab 10 Uhr.

›Nóstos‹

Pizza sowie traditionelle gekochte und gebackene Gerichte der griechischen Küche. Alles wird in einem alten Steinofen zubereitet. Tipp ist Lammfleisch in Bier- und Senfsauce mit Zitrone. Plätze innen und auf mehreren Ebenen direkt am Strand. Ganz unten eine Beachbar, von wo auch Cocktails in die Taverne gebracht werden können. Am westlichen Ortsende, Tel. 2273-037 340, tgl. ab 11 Uhr.

Freundlicher Service und schattiges Plätzchen unter Tamarisken am Strand. Reiche Auswahl an vorzüglichen Baguettes und Sandwiches sowie italienische Gerichte: Pizza und Spaghetti. Säfte, Wein, Drinks, Cocktails und 15 verschiedene Kaffeesorten. Dazu internationale Beach-Musik.

Kalívi Beach Café: am Strand etwa in Ortsmitte, Tel. 2273-037 587, webmaster@samos-samos .com, tgl. ab 9 Uhr.
Schneller Internet-Zugang für ca. 4,5 €/Std. sowie gute Cocktails, Kaffee und Erfrischungsgetränke.

Némesis: am Strand am westlichen Dorfende, tgl. ab 11 Uhr.
Tagsüber Strandbar mit Sonnenschirmverleih, nachts Dancing Club. Renovierter Innenraum mit Klimaanlage, Tanz bis in den frühen Morgen. Moderne internationale Musik, gute Drinks und Cocktails. Eintritt frei. Mitte Mai–Mitte Okt.

New Center of Cámpos: am Strand im Zentrum, tgl. ab 10 Uhr.
Café-Beach-Bar mit angenehmer Musik, guter DJ Paraschos. Leckere Cocktails und große Auswahl an Drinks. Fußball und Formel 1 werden im Sat-TV an der Bar live gezeigt. Jede Woche Strandparty, vor allem junges und mittelaltes Publikum. Immer gute Stimmung.

Pará Thin Álos: zwei Häuser neben der Taverne Évinos, tgl. ab 10 Uhr.
Gemütliches Café an der Hauptstraße, bekannt für seine hervorragenden Cocktails. Außerdem Kaffee, frischgepresster Orangensaft, Wein, spanische Sangria, Eis und Kleinigkeiten zu Essen wie Sandwiches, Toasts, usw. Internationale Musik.

Inselbusse: Nach Sámos-Stadt geht es nur über Marathókampos und Karlóvassi: Mo–Fr 2 x tgl., Sa 1 x tgl. und So keine Verbindung. 1–2 x tgl. Busanschluss über Kallithéa nach Drakéi.

Taxi: Standplatz an der Durchgangsstraße am westlichen Dorfende, Tel. 2273-037 600.

Mietfahrzeuge: Galaxy, am westlichen Ortsende an der Durchgangsstraße, Tel./Fax 2273-037 429, Mob. 6932-214 941, tgl. 8–22 Uhr.
Top-gepflegte Autos und Zweiräder aller Klassen, gute Vollkaskoversicherung (ohne Selbstbeteiligung) und faire Preise. Bring-Service zum Hotel und Flughafen, Straßendienst überall auf der Insel, eigene Werkstatt.

Vourliótes

Lage: G 3
Einwohner: ca. 500
Extra-Tour 3, 4: S. 88/89, 90/91

Der ausgesprochen hübsche Weinbauort liegt auf über 300 m Höhe am Fuß des Berges Lázaros. Gleich am Ortseingang trifft man auf ein traditionelles Brunnenhaus, in dem die üppige Quelle Péra Vrísi gefasst wurde. Kurz danach ist für die motorisierten Besucher erst einmal Endstation: Das Dorfinnere ist autofrei, aber zum Dorfplatz mit den Tavernen sind es bloß ein paar Schritte. Vourliótes gehört sicherlich zu den schönsten Bergdörfchen der Insel. Leider ist das kein Geheimnis mehr, so dass selbst in der Nebensaison die Platía immer gut gefüllt ist. Der Ort selbst bietet fotogene Gassen und die typischen alten Häuser mit den samiotischen Erkern.

Moní Vrontá: Hinter Vourliótes schraubt sich eine etwas holprige Serpentinenstraße weiter die Hänge hinauf bis zum Kloster Vrontá. Seinen ungewöhnlichen Namen erhielt das auf 450 Höhenmetern liegende ›Donnerkloster‹ durch den nahen Berg Lázaros, der bei Gewittern den Donnerhall mehrfach verstärkt. Das 1566 fertig gestellte und damit älteste Monastíri auf Sámos besitzt eine dreischiffige Kuppelbasilika mit einer handgeschnitzten Altarwand aus dem 18. Jh. und einige stark verwitterte Fresken. Leider hat das Feuer vom Juli 2000 sowohl die Außenmauern als auch den schönen Innenhof weitgehend zerstört. Wie durch ein Wunder blieb die Kirche von den Flammen verschont.

Mary's House: am nördlichen Ortsrand, Tel./Fax 2273-093 291, moderat.
Die einzige Unterkunft in Vourliótes. Die freundlichen María und Márkos vermieten 3 Apartments und 8 Zimmer im unteren Dorf. Alle mit Bad und Balkon. Frühstück kostet 6 € extra.

Blue Chairs: an der Platía, Tel. 2273-093 380, tgl. ab 9 Uhr.
Zu erkennen an den blauen Stühlen. Die Speisekarte hängt als große blaue Tafel an der Wand. Vielfältige Auswahl.
Galázio Pigádi: Odós Proodoú, Tel. 2273-093 480, tgl. ab 10 Uhr, ganzjährig offen.
Blaue Tische und Stühle auf der Gasse. Die Spezialitäten von Chef Chrístos Chíou sind Kaninchen-Stifádo, Gyros, Hahn in Weinsauce und viele hausgemachte Vorspeisen wie Dolmadákia, gefüllte Auberginen und Salate. Sehr guter

Ziegen trifft man gelegentlich in der Nähe der Bergdörfer

eigener Weißwein aus den Bergen um Vourliótes.
Péra Vrísi: am Ortseingang neben dem Brunnenhaus, Tel. 2273-093 277, tgl. ab 9 Uhr.
Auf einer Hochterrasse neben der Straße sitzt man unter einer 250 Jahre alten Platane. Die seit 40 Jahren in Familienhand befindliche Taverne von Stamátis Karatzás heißt nach der benachbarten Quelle, wo das Wasser frisch gezapft wird. Spezialitäten der traditionellen Inselküche sind Kichererbsenkefthédes, Souvláki vom Schwein oder Huhn und mit Knoblauch gekochtes Fleisch. Eigene Weine in Weiß, Rosé und Rot.

Inselbusse: Bushaltestelle an der Zufahrtsstraße bei der Taverne Vráchos. 3 x/Woche Verbindungen nur von und nach Sámos-Stadt über Kokkári.

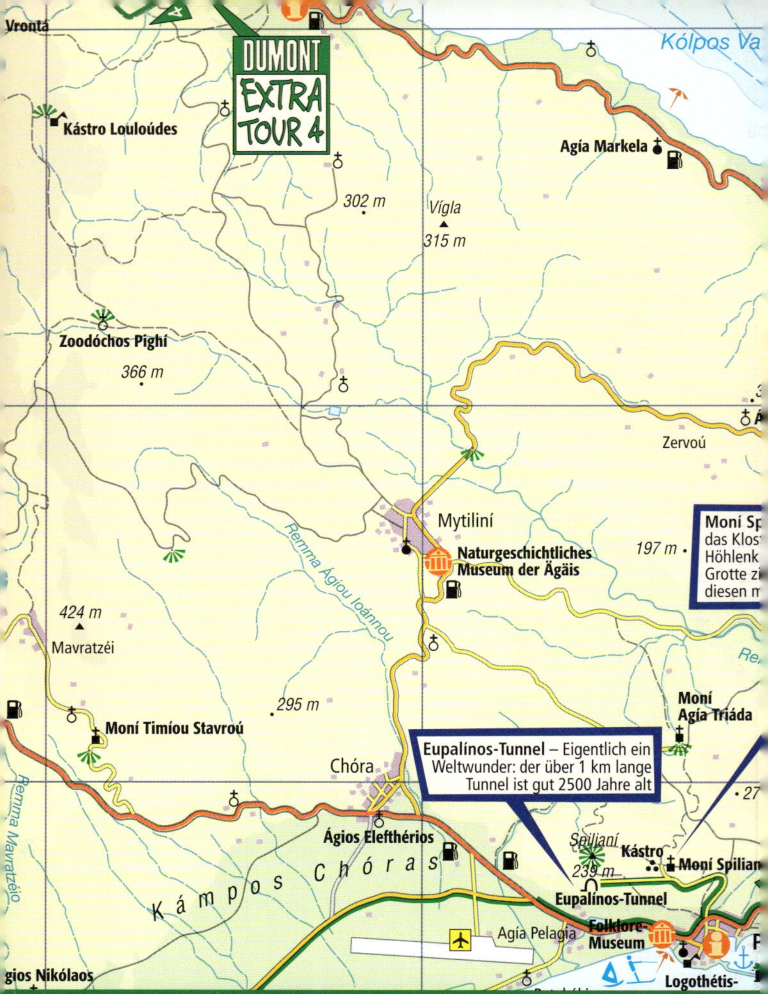

EXTRA-

Fünf Entdeckungstouren & Inselabenteuer

1. Auf den Spuren einer großen Zeit – Eine Reise ins antike Sámos: Heraíon, Pythagório, Sámos-Stadt
2. Altes Handwerk, gute Tavernen, hübsche Dörfer – Unterwegs im Inselinnern: von Koumaradéi durch das Bournías-Gebirge

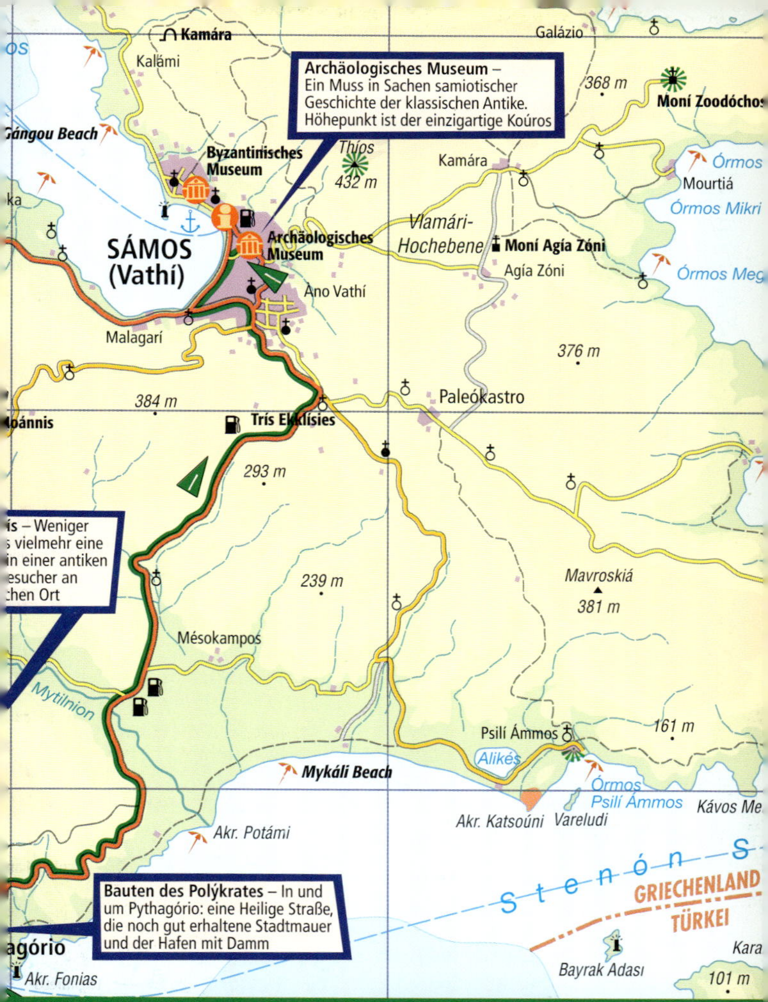

Touren

3. Wasser und Wein – Dörfer und Landschaften entlang der Nordküste: von Vourliótes nach Platanós

4. Wandern auf Sámos – Von Kokkári nach Vourliótes und zum Nachtigallental

5. Zum berühmten Johanneskloster auf die Nachbarinsel Pátmos

Extra Tour 1

Auf den Spuren einer großen Zeit – Eine Reise ins antike Sámos

Die Antike war auf Sámos eine der wenigen Glanzzeiten. Zahlreiche bekannte Persönlichkeiten wurden hier geboren oder wirkten auf der Insel: Aesop, Aristarch, Epikur, Polýkrates, Pythágoras, Rhoikos – eine wahrhaft stolze Ahnengalerie. Der Einstieg in unsere Extra-Tour reicht jedoch noch weiter zurück. Hera, in der griechischen Mythologie Schwester und Gattin des Urvaters Zeus, ist ein ganzer Tempelbezirk an der Südostküste geweiht.

Das **Heraíon** galt als Geburtsstätte der Göttermutter. Die ehemalige Hera-Kultstätte unweit des Ortes Iréo (s. auch S. 34ff.), wurde von deutschen Archäologen ab 1925 freigelegt. Dabei konnte man eine kultische Bedeutung dieses Ortes bis in das 3. Jahrtausend v. Chr. zurückverfolgen. Neben dem uralten Hera-Altar wurde Mitte des 6. Jh. v. Chr. von dem Architekten Rhoikos ein gewaltiger Tempel errichtet, der jedoch um 540 v. Chr. zerstört wurde. Polýkrates befahl einen Wiederaufbau, der jedoch nach seinem Tod nie vollendet wurde. Dennoch errichtete man auch in römischer Zeit neue Gebäude, auch eine christlich Basilika entstand.

Vom Heraíon geht es weiter ins knapp 6 km entfernte **Pythagório** (E 4/5, s. S. 60), wo man zunächst auf die **Römischen Thermen** trifft (Di–So 8.30–14.30 Uhr, Eintritt frei). Zu sehen gibt es recht gut erhaltene Mauern und Becken sowie Zuleitungen der Heizanlage. Von der **Heiligen Straße,** die eng am Meer verlaufend einst das Heraíon mit Pythagório verband, ist fast nichts mehr erhalten.

Die erfolgreichen Raubzüge des Polýkrates brachten der Insel bisher ungekannten Reichtum, und der Tyrann wollte die gewaltigsten Bauwerke von ganz Hellas errichten. Zu den **Bauten des Polýkrates** gehören u. a. die über 6000 m lange, fast 5 m hohe und 3 m dicke **Stadtmauer** um das antike Pythagório, die noch gut erhalten ist. Der antike Hafen der Stadt war fast doppelt so groß wie der heutige. Die Fundamente befinden sich heute unter der westlichen Mole. Polýkrates ließ auch einen gut 300 m weit ins Meer reichenden **Damm** erbauen. Gemes-

Zeitreise in die Antike – das Heraíon

sen an der Wassertiefe von etwa 25 m war das eine gewaltige Leistung. Mitten auf der Hafenmole hat man dem Namenspatron der Stadt eine **Bronzestatue** errichtet: Pythágoras in Sandalen und langem Gewand weist mit dem rechten Arm zum Himmel. Auch das kleine **Archäologische Museum** an der Platía Iríni sollte man nicht auslassen (s. S. 61).

Die nächste Station unserer Tour führt ein Stück in die Hügellandschaft nordwestlich von Pythagório. Von der Straße Richtung Sámos-Stadt aus beschildert, führt eine Stichstraße zu einer Sehenswürdigkeit, die eigentlich zu den antiken Weltwundern gehört: Der **Tunnel des Eupalínos** (s. S 60) wurde vor über 2500 Jahren gegraben. Zweck des Baues war, auch bei einer Belagerung der Stadt die Versorgung der 20 000 Einwohner sicherzustellen. Dazu konnte nur eine Quelle dienen, die jenseits des Hügels im Rücken der Stadt lag. Eupalínos plante einen Tunnel, der von beiden Seiten begonnen wurde und dessen Röhren sich in der Mitte trafen. Darin wurde wurde eine Rinne von 1046 m Länge mit 5 m Gefälle eingefräst. Bis heute ist nicht vollständig geklärt, wie diese technische Meisterleistung möglich war.

Die letzte Etappe führt direkt nach **Sámos-Stadt** (K 4, s. S. 68). Nahe beim Busbahnhof, direkt hinter dem Stadtpark, liegt das **Archäologische Museum** (s. S. 70). Hier sind die bedeutendsten Funde der Insel ausgestellt. Im Erdgeschoss des Altbaus befinden sich Stücke aus prähistorischer, geometrischer und archaischer Zeit sowie Gegenstände, die als Beute- oder Handelsobjekte nach Sámos gelangten. Im Obergeschoss gehören die Sammlungen von **Votivgaben** und der **Greifenköpfe** zu den besonders wertvollen Exponaten. Berühmtheit haben vor allem die **Figurengruppe des Genéleos** (6. Jh. v. Chr.) und der **Koúros** erlangt. Die 5 m hohe, splitternackte Jünglingsfigur wurde völlig zertrümmert entdeckt, der größte Teil erst 1980 bei Hotelbauarbeiten. Um die Statue unterzubringen, musste das Museum mehrfach erweitert werden, zuletzt 1984: Da erst fand man den Kopf mit dem ungewöhnlichen Lächeln.

Länge: ca. 19 km

Extra Tour 2

Altes Handwerk, gute Tavernen, hübsche Dörfer – Unterwegs im Inselinnern

Sámos ist eine abwechslungsreiche Insel, die nicht nur Strandfans und Wanderfreaks anzieht. Auch Kulturliebhaber und Folklorefreaks, die der Griechenland-Nostalgie der 1960er und frühen 1970er Jahre anhängen, kommen hier auf ihre Kosten. Im Zeitalter der Mietfahrzeuge sind allerdings auch die abseits der vom Tourismus eroberten Küstengebiete liegenden Dörfer im Inselinnern keine *terra incognita* mehr. Die Bewohner haben längst erkannt, dass sie sich mangels Strand und Meer eine andere Nische suchen müssen, um sich vom großen Tourismuskuchen eine Scheibe abzuschneiden. Diese Extra-Tour führt, als mofatauglicher Rundweg angelegt, durch einige interessante Dörfer im mittleren Inselsüden.

Ausgangspunkt ist das Bergdorf **Koumaradéi** (G 5, s. S. 48), ein absolutes Sámos-Highlight. An der Durchgangsstraße liegen Töpferwerkstätten. **Klironómos** fertigt traditionelle und volkstümliche Keramik, während **Hydría** sich auf moderne und ausgefallene Stücke spezialisiert hat. Hier gibt es die Spezialkeramik Rakoú, die in einem Gasofen bei sehr hohen Temperaturen zweimal gebrannt wird. Da bei dieser schwer zu erlernenden Technik die Farben fast unkalkulierbar ineinander fließen, gibt es garantiert nur Einzelstücke. In beiden Werkstätten kann man bei der täglichen Arbeit zuschauen. Besonders ansprechend ist **Der Webstuhl** von der hervorragend Deutsch sprechenden Eva, die in ihrem Laden Kostbarkeiten aller Art anbietet: Andenken, Mitbringsel und Gebrauchsgegenstände, die es nicht überall zu kaufen gibt. Sehenswert in Evas Laden ist auch der uralte Webstuhl, wahrscheinlich der älteste auf Sámos. Am Ortsausgang verkauft Georgía Klironómou ätherische Öle und frische inseleigene Kräuter, die schonend angebaut und geerntet werden. Nach der Ernte trocknen die Kräuter in kühlen Ziegelräumen an der Luft – ohne Einsatz von chemischen Hilfsmitteln.

Auch hinter Koumaradéi setzt sich die Straße kurvenreich fort. Fast an jeder Ecke befindet sich

Honigverkauf am Weg nach Koumaradéi

ein improvisierter Stand, an dem vor allem der leckere Honig von Sámos feilgeboten wird. Bald gelangt man nach **Pírgos** (F 5, s. S. 56), das zwar keinen Schönheitspreis gewinnen würde, aber durch die Kirchenruine über eine interessante Platía verfügt. Ansonsten wird die Gegend durch recht intensive Landwirtschaft dominiert: Obstplantagen, Olivenhaine, Gemüsefelder und Weingärten. Leider hat hier das Großfeuer vom Juli 2000 besonders stark gewütet. Wunderschön zum Schlendern in den engen Gassen ist das sanft am Hang gelegene Bergdorf **Spatharéi** (F 6, s. S. 57) mit seiner viel zu groß geratenen Kirche Taxiárchis. Um Haaresbreite wären einige Orte hier der Brandkatastrophe zum Opfer gefallen. Die Spuren des Feuers sind rund um die Dörfer noch überall zu sehen.

Kurz hinter Spatharéi öffnet sich von der Straße aus der fantastische Blick über die verbrannten Berghänge auf die kleine vorgelagerte **Insel Samiopoúla.** Mehrere Parkplätze mit Bänken laden zum Rasten mit schöner Aussicht ein. Das längste Teilstück der Route führt in das 300 m hoch gelegene größere Dorf **Pagóndas** (s. S. 56). Rund um die weit ausladende Platía gruppiert sich die gesamte Infrastruktur. Der Ort lebt vor allem vom Olivenanbau. Ende Oktober beginnt die oft bis in den Januar dauernde Ernte. Dazu legt man engmaschige Netze auf den Boden und streift die Oliven mit Rechen und Stöcken vom Baum ab.

Wer bis hierher ohne Rast durchgehalten hat, sollte auch noch bis **Mýli** (G 6, s. S. 52) warten. Der eher unspektakuläre Ort liegt inmitten einer üppigen Ebene mit Oliven und Zitrusfrüchten. Zur Türkenzeit haben die Wassermühlen am nahen Fluss Imvrásos dem Dorf seinen Namen gegeben, der in jüngerer Zeit durch seine ausgesprochen stimmungsvolle Platía eine enorme Aufwertung erfahren hat. In den Tavernen des Platzes bekommt man vorzügliche Grillgerichte, und mittags und abends ist kaum noch ein freier Tisch zu finden. Gut gestärkt verlässt man Mýli wieder Richtung Nordwesten. Den Hang hinauf, vorbei am Kloster Megális Panagías, schließt sich in Koumaradéi der Kreis.

Länge: ca. 32 km

EXTRA Tour 3

Wasser und Wein – Dörfer und Landschaften entlang der Nordküste

Sámos ist eine der wasserreichsten Inseln der Ägäis. Fast in jedem Winkel entspringen so üppige Quellen, dass man es sich gut leisten kann, Wasser praktisch kostenlos zur Verfügung zu stellen. Die grünen Hänge im Inselnorden sind dicht bewaldet; wo kein Wald steht, wird Landwirtschaft betrieben, vor allem Weinbau. Insgesamt zählt die Insel etwa 1700 ha Rebfläche, auf denen man jährlich etwa 80 000 hl Wein erzeugt. Im Jahr 2000 zerstörten jedoch mehrere Feuer weite Teile der Wälder zwischen Marathókampos und Karlóvassi sowie hinunter bis nach Ágios Nikólaos und zu den Potámi-Wasserfällen. Die schweren Wunden in der Natur werden noch jahrelang zu sehen sein.

Wir beginnen unsere Tour in **Vourliótes** (G 3, s. S. 80), einem oberhalb von Kokkári in den Bergen gelegenen urwüchsigen Dorf – nicht mit Wein, sondern mit Wasser. Die Quelle Péra Vrísi wurde in ein schönes Brunnenhaus gefasst, neben dem sich eine gute Taverne angesiedelt hat. Bei Platanákia zweigt eine Asphaltstraße ab, die durch das liebliche **Nachtigallental** (s. S. 51) mit dem breiten Fluss Kakórema in vielen Serpentinen hinauf nach **Manolátes** (G 3, s. S. 51) führt. Der Ort ist ein Bilderbuch-Dorf mit gepflasterten Gassen, kleinen Plätzen, Tavernen mit grandioser Fernsicht, alter Handwerkskultur und ertragreichen Weinfeldern drumherum. Hier kann man sich so richtig wohl fühlen, was natürlich längst kein Geheimtipp mehr ist. Als nächste Stationen stehen die beiden unspektakulären Weinbauorte **Ámpelos** und **Stavrinídes** (s. S. 28) auf dem Programm. Auch in dieser Bergregion entspringen üppige Quellen, deren Wasser hinunter zu den Zapfstellen in den Dörfern und an der Straße geleitet wird.

Unterdessen ist es längst Mittag, und es wird Zeit für ein Glas Wein in **Karlóvassi** (s. S. 36). Das eher unscheinbare Gebäude der Winzergenossenschaft trägt den griechischen Schriftzug der E.O.S. auf dem Dach und ist an den zwei Weinfässern, die sich rechts vom Eingang befinden, zu erkennen. Während der Erntesaison (Aug./

In der Abfüllerei von Karlóvassi kommt der berühmte Wein in die Flasche

Sept.) kann die Kellerei besichtigt werden. Interessanter ist ohnehin der Verkostungskeller (tgl. 8–15 Uhr). In der kühlen Cava sitzt man an gemütlichen, langen Holztischen inmitten uriger Weinfässer. Angeboten werden die vier wichtigsten Sorten: der *Vin Doux* (15 %), ein besonders süßer Likörwein aus Muskattrauben; der schwere *Nectar Naturellement Doux* (14 %), der an Cognac erinnert; der *Grand Cru Doux Natural* (15 %), der dem Nectar ähnlich ist, aber dessen Trauben nach der Lese noch sonnengetrocknet werden; der auf einen ›antiken‹ Geschmack hin ausgebaute *Ánthemis* (15 %), ebenfalls aus Muskattrauben.

Dann verlässt man die zweitgrößte Stadt der Insel (Promillegrenze 0,5!!!) und fährt ins nahe **Léka** (s. S. 38). Das Dorf mit der viel zu groß geratenen Kirche wirkt etwas unaufgeräumt, bietet aber eine einmalige Aussichtsplattform. Der Blick auf Karlóvassi lohnt sich und reicht bei klarem Wetter hinüber bis zu den Bergen um Kokkári. Südlich Richtung Marathókampos erreicht man bald **Kastanéa** (s. S. 38). Vor fünf Jahren wurde hier das öffentliche Waschhaus restauriert. Der Natursteinbau ist gleich am Ortseingang rechts am Dorfplatz zu finden. Bei den Dörfern westlich von Karlóvassi fällt die geringe touristische Orientierung auf. Die Orte sind nicht fein herausgeputzt, sondern geprägt von griechischem Alltagsleben.

Die Tagestour führt über Sevastíka nach **Platanós** (s. S. 58). Bis auf gut 550 Höhenmeter windet sich die Straße steil hinauf. Selbst auf dieser Höhe wird noch intensiver Weinbau betrieben. Auf den Feldern ist heute fast ausschließlich die weiße Muskattraube zu sehen. Aus ihr lassen sich sowohl die süßen Sorten als auch die trockenen Weißweine *Samena Golden* und *Samena Sec* keltern. Rosé- und Rotweine aus der Fokianós-Traube werden nur wenig hergestellt. Sehenswert in Platanós sind vor allem die Platía und das Brunnenhaus. Besuchen Sie als kulinarischen Abschluss dieser Tour die Taverne **Sophía.** Die freundliche Wirtin hat eine ganze Reihe von Spezialitäten auf der Karte und spricht gut Deutsch.

Länge: ca. 60 km

EXTRA Tour 4

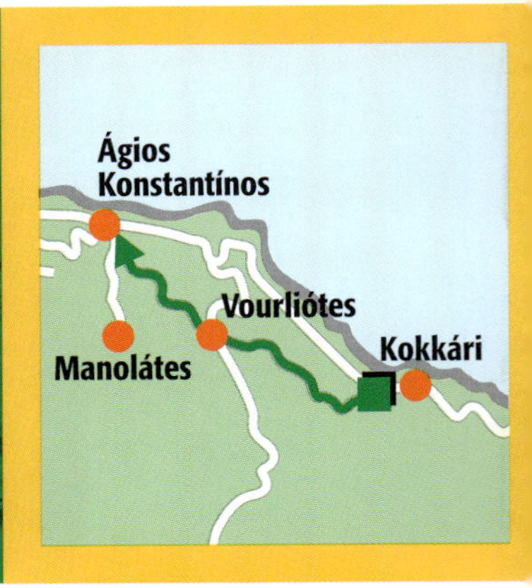

Wandern auf Sámos – Von Kokkári nach Vourliótes und zum Nachtigallental

Der Norden von Sámos gilt als Eldorado für Wanderfreaks. Kein Wunder, durch die dicht bewaldeten Berge ziehen sich Dutzende von kleinen Wegen. Unser Wanderpfad führt von Kokkári (H 3, s. S. 43) hinauf in das hübsche Bergdorf Vourliótes (G 3, s. S. 80) und weiter durch das Valeontátes-Tal (Nachtigallental, s. S. 51) hinunter nach Platanákia.

Der Weg beginnt am westlichen Ortsausgang von **Kokkári**, wo die Uferstraße auf die Umgehungsstraße trifft. Rechts vom Hotel Mílos Beach führt eine Straße in den Wald hinauf. Unterhalb der Betonmauer des Fußballfelds weist ein Schild nach rechts. Der Weg führt unter einem Torbogen hindurch, bevor er auf einen Bachlauf trifft, den man durchquert. Auf der anderen Seite angekommen, geht es zunächst ca. 30 m bachabwärts auf schmalem Pfad durch dichtes Grün. Es folgt ein größerer Bachlauf, der erneut problemlos überquert werden kann. Nun wendet man sich nach links und wandert, entgegen der Fließrichtung, auf schmalem Pfad weiter.

Steinmännchen und rote und blaue Punkte markieren den jetzt deutlicher ansteigenden Pfad, der bald in größerem Abstand drei Schotterwege überquert. In diesem Abschnitt wechseln sich vom Großfeuer im Juli 2000 niedergebrannte Passagen mit dem dunklen Grün des intakten Zypressenwaldes ab. Immer am Bach entlang, teilweise auf natursteingepflastertem Weg, tauchen bald die ersten Häuser von **Vourliótes** im Blickfeld auf. Vorbei an Weingärten, mündet der Weg in die Zufahrtsstraße. In Kürze ist die in ein traditionelles Brunnenhaus gefasste **Quelle Péra Vrísi** erreicht.

Danach geht es aus dem gut 300 m hoch liegenden Vourliótes wieder abwärts: 50 m hinter der Platía des Ortes rechts abbiegen. An der nächsten Ecke folgt man der Gasse nach links am Friedhof vorbei. Bald endet der Beton, und es geht auf Pflastersteinen steil abwärts. An der Einmündung eines Schotterwegs wählt man den links aufwärts führenden Pfad, der bald wieder enger wird und mit roten Punkten am Boden markiert ist.

Zeit für ein Pläuschchen ist immer...

Etwa 10–12 Min. hinter dem Friedhof folgt der Abzweig nach Manolátes. Zum Nachtigallental geht es aber geradeaus weiter. Das abwechslungsreiche Teilstück führt über freie Lichtungen mit fantastischem Blick hinunter auf die Küste und durch dichte, dornige Macchia. Am Ende eines Olivenhains lässt man ein Steinhaus mit Wellblechdach rechts liegen. Kurz darauf teilt sich der Pfad: Rechts führt ein markierter Weg hinunter nach Kámpos, unser Wanderweg verläuft halblinks weiter und ist ebenfalls mit roten Punkten am Boden gekennzeichnet. An einer Gabelung mit einem Ölbaum in der Mitte wandert man nach rechts leicht hangabwärts weiter.

Nun folgt die schwierigste Stelle des Weges: Am Ende einer kleinen Mauer auf der rechten Seite des Pfades rechts halten. Zunächst folgt ein roter Pfeil auf dem Boden entgegen der Laufrichtung, dann die Markierung »A 2« in roter Farbe. Nach der folgenden, ca. 10 m langen kleineren Mauer steht links etwas erhöht am Hang eine Steinhütte mit einem roten Kreuz auf der Stirnseite. Hier den abwärts führenden Pfad verlassen und über eine Terrassenmauer direkt auf die Hütte zusteigen. An der dem Kreuz gegenüberliegenden Hüttenseite setzt sich der Weg fort. Nur ein kleines Steinmännchen erleichtert die etwas schwierige Orientierung.

Teilweise geht es nun auf schmalem Pfad durch dichtes Buschwerk und links an einer weiteren Steinhütte vorbei hangabwärts. Danach folgt ein ebener Abschnitt entlang eines Olivenhaines, während der Fluss im **Nachtigallental** sanft im Hintergrund rauscht. Eine Hütte mit eingefallenem Blechdach bleibt links liegen, bevor ein terrassierter Olivenhain in Serpentinen nach unten zu durchqueren ist. Aber schon lange vorher ist der melodische Gesang der Nachtigallen ab dem späten Nachmittag überall im Tal zu vernehmen. Vor dem Erreichen der Asphaltstraße folgt nun noch eine letzte Flussüberquerung.

Länge: ca. 14 km. Reine **Wanderzeit** je nach Kondition 2,5–3 Std. Die nächste **Bushaltestelle** mit Anschlüssen zurück nach Kokkári (Mo–Fr 5–8 x tgl., Sa 3–5 x tgl., So 1 x tgl.) befindet sich an der Küstenstraße bei Platanákia.

Extra Tours

Zum berühmten Johanneskloster auf die Nachbarinsel Pátmos

Eines der größten und wichtigsten griechisch-orthodoxen Klöster befindet sich auf **Pátmos,** etwa zwei Fährstunden südwestlich von Sámos. Pátmos ist nur dünn besiedelt. Auf der Insel leben kaum 2500 Menschen, aber in der Hochsaison kommen gut fünfmal so viele Tagestouristen – meist nur des Klosters wegen.

Die Ausflugsboote von Sámos legen im anmutig um die geschwungene Hafenbucht gebauten Ort **Skála** an. Die weißen Würfelhäuser ziehen sich sanft den Hang hinauf und erinnern stark an die Kykladen. Älteres Gemäuer wird man hier vergeblich suchen. Noch im 18. Jh. gab es hier nur ein paar Lagerhäuser. Die ständige Gefahr von Piratenüberfällen ließ eine Besiedelung der Küsten kaum zu. Skála ist also ein relativ neuer Ort, was der Schönheit keinen Abbruch tut.

Von Skála führt ein Treppenweg in etwa 45 Min. zu Fuß hinauf in die Chóra (Stadt). Ein Taxi kostet ca. 7 €, was zu empfehlen ist, denn der öffentliche Bus fährt vormittags nur zweimal hinauf. Auch die Chóra wirkt auf den ersten Blick kykladisch: weiße, verschachtelte Würfelhäuser, von dem majestätischen Kloster weit überragt. Wie ein mit wehrhaften Zinnen bestückter massiver Natursteinblock thront es wuchtig und hoch über dem Hauptort. Wer nicht weiß, dass es sich um ein Kloster handelt, könnte es für eine mittelalterliche Burg halten.

Die Ursprünge des **Johannesklosters** gehen auf das Jahr 1089 zurück, als die ersten Mauern auf den Fundamenten eines Artemistempels und einer frühchristlichen Basilika errichtet wurden. In den folgenden Jahrhunderten kam es zu mehrfachen Umbauten und Erweiterungen. Während der türkischen Besetzung Griechenlands entwickelte sich Pátmos zu einem geistigen Zentrum der Orthodoxie. Viele Mönche flüchteten auf die Insel und trugen zur Prosperität des Klosters bei. Immer wieder wurden Erweiterungsbauten notwendig, was den Klosterkomplex sehr unsystematisch wachsen ließ. Der Südflügel entstand im 11. Jh., die Muttergottes-Kapelle nördlich des Katholikons (des Al-

Mächtige Zinnen überragen die Chóra: Johanneskloster auf Pátmos

lerheiligsten) im darauf folgenden Jahrhundert. Dabei verstießen die Bauherren gegen eine Grundregel der orthodoxen Klosteranlage: Das Katholikon steht nicht frei inmitten der Klosteranlage. Klosterkirche und Kuppel sind von außen nicht zu sehen und werden von Nebengebäuden fast vollständig verdeckt. Auch das flache Terrassendach mit dem herrlichen Blick hinunter auf den Hafenort ist, architektonisch betrachtet, recht eigentümlich.

Die gut erhaltenen Wandfresken sind weitgehend in zwei Perioden entstanden. Erst 1958 wurden die aus dem 12. Jh. stammenden Fresken in der Muttergottes-Kapelle unter mehreren Übermalungen entdeckt. Dagegen datieren Kunsthistoriker die Wandmalereien im Katholikon auf die Zeit um 1600, als Byzanz längst an die Türken gefallen war und Pátmos sich an Kreta orientierte. Viele der kretisch beeinflussten Kostbarkeiten wie Ikonen, Goldstickereien, Silbergefäße und illuminierte Manuskripte sind heute im kleinen **Klostermuseum** (Eintritt 1,50 €) zu sehen. Bedeutendstes Ausstellungsstück ist die Stiftungsurkunde aus dem Jahre 1088.

Nach der Besichtigung von Kloster und Stadt bitte auch die **Heilige Höhle der Apokalypse** nicht versäumen! Sie liegt etwa auf halber Höhe zwischen Skála und der Chóra direkt an der Straße. Hier soll der Überlieferung nach der Apostel Johannes die Offenbarung erhalten und zwischen 95 und 97 n. Chr. niedergeschrieben haben. Ein paar steile Stufen führen hinab zum Eingang (Eintritt frei), vorbei an kleinen, begrünten Plateaus, den Zellen und den Kapellen des Ágios Nikólaos, des Ágios Artémios und der Agía Ánna, alle in strahlendem Weiß gehalten.

Von Sámos-Stadt und Pythagório per Ausflugsboot, in der Nebensaison 3 x wöchentlich, im Hochsommer tgl. Abfahrt meist 7 Uhr. Fahrtzeit von Pythagório etwa 2 Std. 20 Min., Rückfahrt von Pátmos gegen 16 Uhr. Preis pro Person ca. 28 €. Mehrmals wöchentlich fahren auch Tragflügelboote (Flying Dolphins) hinüber. Pro Person ca. 10 € von Pythagório nach Skála.

Impressum/Fotonachweis

Titel: Pythagório – Stadt mit Hafen
S. 1: Kisten im Hafen von Sámos-Stadt
S. 2/3: Kapelle Ágios Nikólaos in Potámi
S. 4/5: Ausflugsboote vor Pythagório
S. 26/27: Lemonákia-Strand bei Kokkári

Fotonachweis
Rainer Hackenberg, Köln: Titel, S. 6, 7 li., 7 re., 8, 9, 10, 14, 18, 26/27, 37, 50, 54, 71, 77, 85, 93
Jo Kirchherr, Köln: S. 1, 2/3, 4/5, 12, 35, 39, 45, 60/61, 65, 73, 74, 81
Dirk Schönrock, Weinheim: S. 30, 47, 49, 57, 67, 75, 87, 89, 91

Kartografie: © DuMont Reiseverlag, Köln

Herzlichen Dank für Tipps und Mithilfe bei den Recherchen an Éva Eleftheríou, Lucia Vougaziánu, Simone Nörling sowie Astrid & Alékos Koumalátsos.

Alle in diesem Buch enthaltenen Angaben wurden vom Autor nach bestem Wissen erstellt und von ihm und dem Verlag mit größtmöglicher Sorgfalt überprüft. Gleichwohl sind inhaltliche Fehler nicht vollständig auszuschließen. Ihre Korrekturhinweise und Anregungen greifen wir gern auf.
Unsere Adresse: DuMont Reiseverlag, Postfach 101045, 50450 Köln, E-Mail: info@dumontreise.de; Internet: www.dumontreise.de

Grafisches Konzept: Groschwitz, Hamburg

2., aktualisierte Auflage 2003

Druck: Rasch, Bramsche
Buchbinderische Verarbeitung: Bramscher Buchbinder Betriebe

ISBN 3-7701-5788-5

Museen

Hotels

Tavernen

Discos, Clubs, Bars